VÉRONIQUE SOUSSET

# FRAGMENTS DE PRISON

## HISTOIRES VÉCUES

le cherche midi

Directeur de collection : Jean-Maurice Belayche

Vous pouvez consulter notre catalogue général
et l'annonce de nos prochaines parutions sur notre site :
**www.cherche-midi.com**


92, avenue de France
75013 Paris

Conception graphique : Justine Dupré
Composition : Peter Vogelpoel
Dépôt légal : mars 2022
ISBN 978-2-7491-7170-8

*Je ne puis pas donner la réalité des faits, je n'en puis présenter que l'ombre.*

Stendhal

*Tant que nous sommes parmi les hommes, pratiquons l'humain.*

Sénèque

*J'aurais aimé les hommes en dépit d'eux-mêmes. Ils n'ont pu qu'en cessant de l'être se dérober à mon affection. Les voilà donc étrangers, inconnus, nuls enfin pour moi puisqu'ils l'ont voulu. Mais moi détaché d'eux et de tout, que suis-je moi-même ?*

J.-J. Rousseau, *Les Rêveries du promeneur solitaire*

*À celles et ceux qui m'ont lue et me donnent envie*
*d'écrire comme on respire,*

*À toi, sans qui ce livre n'aurait pas vu le jour,*

*À la joie de vivre qui ne me quitte pas et invite aux rencontres,*
*aussi réelles qu'improbables,*

*À mon père.*

# PRÉAMBULE

Elle est au musée Pouchkine à Moscou. *La Ronde des prisonniers.* Toile peinte par Van Gogh, d'après une gravure de Gustave Courbet. Aux teintes vertes et ocre, aux couleurs sombres, elle représente des murs oppressants dans une cour de prison d'où on ne distingue pas le ciel. Des hommes tournent, comme écrasés, mains dans les poches et épaules voûtées. Un seul d'entre eux fixe le spectateur, il semble dire : « Arrêtez-vous, regardez ! »

La prison attire autant qu'elle suscite d'interrogations et d'idées préconçues pour taire la sourde crainte qu'elle inspire.

La prison est lestée de tant de significations et d'avis contrastés. C'est un lieu qui ne laisse pas indifférent.

Pourtant, j'ai longtemps répondu d'un revers de manche ou d'un haussement d'épaules lorsque l'on me demandait pourquoi je n'écrivais pas sur la prison.

Pourquoi ne pas écrire sur la prison ?

Pourquoi, oui ?

Et pourquoi pas ?

Plus tard. Peut-être, mais pas maintenant. Trop tôt. Pas assez tard. Demain.

Le long ruban formé par cette question maintes fois posée est devenu adhésif. J'ai longtemps craint d'être trop collée au sujet. Mais parce que j'y exerce avec un intérêt qui ne s'est jamais démenti avec les années, je crois être légitime à faire entendre un autre écho, celui de l'intérieur.

Le sujet est bien là : faire entendre autre chose pour donner à voir cet univers qui échappe aux savoirs. L'enfermement est une porte close sur le monde libre mais elle n'est pas verrouillée. Un double tour par la rencontre de ceux qui y sont détenus et de ceux qui y travaillent et elle s'entrebâille. Néanmoins, ces instantanés de vie n'ont pas pour vocation de former un discours sur la prison, ni de livrer un mémento sur le fonctionnement de l'institution. Ces histoires vécues, ces fragments d'existence donnent à voir la prison de l'intérieur et permettent de la considérer autrement. Un lieu de peine, un lieu d'humanité, un lieu chargé où rien n'est anodin. L'enfermement produit un effet loupe, tout y est plus long, grave, pesant.

Je prends donc garde aux doctes positions de donneurs de leçons, et à ce que ma connaissance, mon expérience n'assiègent pas le propos mais laissent au contraire l'écriture pénétrer le lieu, pour mettre en abyme le silence ou contenir le débit de paroles qui cavale après la pensée.

Tout porte à mettre en mots les liens, les itinéraires, les fausses routes ou les voies sans issue. Parce qu'elle est assomption de la fragilité de l'être et de sa férocité, la prison parle aussi de nous, humains, trop humains. Je me dérobe donc aux réquisitions, aux luttes internes, à la discrétion et à la déontologie, qui ne font pas obstacle au devoir de réserve imposé par la fonction, pour ouvrir une fenêtre dans le mur des prisons.

Donner à comprendre la prison afin aussi de ne pas laisser le non-dit faire sa loi, ni à d'autres le soin de la décrire ou de la décrier.

Tenter de faire entendre autre chose que l'inimitable compilation de clichés et offrir aussi une alternative à ce que la prison charrie de salmigondis démagogique.

La prison repose sur un premier temps, comme dans une symphonie. Une répulsion-attraction pour ce lieu sulfureux du crime, qui excite l'imagination du public et ne peut que susciter des mouvements de cœur évanescents.

C'est aussi la figure du délinquant qui y est enfermé qui fascine et attise l'imaginaire. Parce qu'elle est un monde clos qui recèle une part émergée de la violence d'une société, la prison cristallise les craintes, le mal que l'on voudrait refouler, qui pourtant fait retour.

Il y a un écart entre la volonté de savoir et la méconnaissance persistante de l'opinion. Quelles résistances à l'œuvre sinon celle de nos ambivalences à l'égard de la prison, ce terme polysémique qui dit le lieu et la peine où elle s'exécute ?

Que sait-on de la prison, de son ordinaire, de ses rituels, de sa langue ?

Un seul exemple : dans la société civile, comme dans les fictions, demeure l'usage du terme de « gardien », qui n'est plus usité depuis le rattachement des fonctionnaires de l'administration pénitentiaire au ministère de la Justice en 1911. On garde des places fortes, des zoos, des parcs, des musées, mais on surveille des hommes.

De l'image de l'hôtel quatre étoiles à celle du cachot, d'une bauge aux conditions indignes aux clichés des séries américaines, la perception ordinaire de la prison est souvent empreinte de représentations éloignées de la réalité.

Cette méconnaissance de l'univers carcéral tient autant aux représentations qu'à l'institution, qui se dit trop souvent en réaction contingente à un événement ou en réponse à une mise en cause, contrainte par la pression d'un incident qui fait émerger l'âpreté du lieu.

Pourtant, cette institution est dans la cité, la vie ne s'arrête pas aux murs d'enceinte. Ces existences même enfermées sont perméables à la société dont elles font partie, dans le tout formé par son vacarme, ses vicissitudes, ses débats, ses soubresauts, ses bagarres, ses torpeurs, ses craintes, ses tourments, ses virus, sa folie, tout juste parviennent-ils plus feutrés à l'intérieur.

Les mentalités sont aussi des prisons solides, comme les idées prêtes à penser qui font florès sur le sujet. L'on trouve bien des bardes chantant les refrains humanistes comme s'ils étaient les seuls à les connaître, à défendre ce qu'est et doit être la prison.

Certains établissements n'offrent pas des conditions favorables à la réinsertion. Comment le nier ? Il importe donc de ne pas majorer l'incarcération en alourdissant son quotidien de contraintes inutiles. Toujours interroger l'équilibre entre respect des droits et maintien de la sécurité nécessaire puisque l'administration a en charge l'exécution de la peine.

« Institution dégradante », ai-je pu lire sous la plume de ceux qui la regardent de l'extérieur sans y travailler, négligeant la complexité du sujet, pour ne garder que des slogans en guise de réflexion. Cette institution est perfectible. Quelle organisation ne l'est-elle pas quand il s'agit de prendre en charge des femmes et des hommes ? Si j'y exerce avec engagement, loyauté et humilité, c'est aussi le cas de tous ceux qui y travaillent, sans l'avoir toujours vraiment choisi : le hasard d'un concours, la recherche de la stabilité de l'emploi, la volonté de faire carrière dans un métier de la sécurité publique… Si c'est rarement une vocation qui conduit à choisir d'emblée le métier de surveillant, elle advient après coup.

La prison intrigue mais chacun a un avis, le sujet est clivant, trop ou pas assez. Ainsi l'opinion publique, qui s'émeut parfois des conditions de détention, crie aussi à l'échec de l'institution en cas de récidive.

Or les prisons ne sont pas celles de l'administration pénitentiaire. Ce sont celles de la République. Nous sommes donc collectivement garants des conditions de la peine et de son exécution.

Alors je propose d'en pousser la porte et de la laisser ouverte, pour une fois. Ouverte à la nuance, à un point de vue différent : celui du parti pris.

Les anecdotes ont pour vocation de soulever le couvercle sur le bouillon des émotions, de toucher l'écorce des existences, de donner à ressentir dans le quotidien ce que Montaigne nomme les « épines domestiques », pour donner à voir autrement la prison, de l'intérieur.

Suivez-moi, je vais vous les présenter, ceux dont le souvenir est resté vif à ma mémoire, ces hommes et ces femmes avec lesquels passer une minute, une heure ou des années forge l'expérience et entame les certitudes.

# Monsieur B

Cet homme n'est pas un escroc, c'est un tueur. Un homme de main employé pour liquider des clients accoudés au comptoir d'un bar dans une ville de province où il ne se passe rien. Ce n'est pas un règlement de compte mais l'affirmation de la puissance d'un groupe sur un autre, chacun mesurant sa force au sang qui gicle des corps transpercés de balles.

C'est un mauvais film, le scénario est mal construit et les acteurs, des amateurs.

Lui nie ce crime, affirme qu'il s'est trouvé rattrapé par des badauds qui ont cru reconnaître son allure semblable à celle du tueur dans la rue adjacente, mais il y a méprise, ce gant de cuir jeté dans le caniveau n'est pas le sien, l'arme manque et un bonnet ne fait pas une cagoule, même s'il présente deux trous béants.

Il est condamné à la réclusion criminelle à perpétuité au milieu des années 80. Cette lourde peine est prononcée après un procès devant la cour d'assises, où la défense n'a pas permis de répondre à toutes les interrogations, les incohérences, les approximations d'une accusation qui voulait en terminer avec le crime comme s'il ne s'agissait pas de la vie d'un homme.

Ce n'est pas un procès bâclé, c'est un procès inachevé qui ne satisfait que la vindicte populaire et la pire ennemie du droit, l'opinion publique, si malhabile avec la recherche de la vérité. Tout juste les parties civiles peuvent-elles être soulagées que les leurs se soient vu désigner un bourreau. Elles ont quelqu'un à haïr pour calmer leur chagrin inconsolable.

Monsieur B va donc en prison et n'en connaît pas le terme à son entrée. À l'époque, sur la fiche pénale, dans la case “date de sortie” est inscrit 4000, des années à l'infini.

Comme une abscisse sans ordonnée.

Le doute n'a pas profité à l'accusé.

La précipitation et les préjugés ont tenu lieu d'analyse et notre homme a contre lui d'être déjà connu de la gendarmerie locale : un petit délinquant, issu d'une famille tout juste sédentarisée dont on se méfie par précaution.

La *vox populi* a été entendue et la justice a scellé l'avenir de cet homme pour un nombre d'années qu'il ignore.

À la suite de l'abolition de la peine de mort, la peine de perpétuité est devenue la peine la plus sévère répondant aux crimes les plus graves. S'il y a pu avoir une inflation de son prononcé, ceci n'est pas dû à une recrudescence de la délinquance, comme de mauvais prophètes ayant combattu l'abolition le prédisaient, car la peine de mort n'a jamais empêché le passage à l'acte. Mais elle est devenue la plus lourde dans l'échelle des peines nivelée.

Monsieur B est déclaré coupable et condamné au mitan des années 80. Il a usé de tous les recours, il est donc condamné définitif et a pris le parti de consentir à la peine comme une fatalité, mais sans céder.

Lorsque je le rencontre, il a accompli près de dix-huit années de détention. En prison, il a avancé, il s'est formé, s'est cultivé, et a continué dans le respect des procédures à démontrer son innocence tout en acceptant la peine. Accepter ne signifie pas reconnaître, mais éviter de sombrer dans la folie d'une injustice et le macabre cortège de noires pensées, de n'être à vie qu'un enfermé. Jeune directrice, cette rencontre a utilement complété ma formation et ma réflexion sur la peine.

Nous en sommes donc là, devisant souvent sur nos semblables différents, sur la justice, la vie et ses regrets, la temporalité déformée, le temps qui s'étire, les années comme des jours rythmés par l'organisation d'une vie en prison et les temps forts de l'exécution d'une peine, lorsque, à l'issue de la période de sûreté, le temps est à l'avenir et à une éventuelle libération conditionnelle.

Pour cela, il faut démontrer, comme le formule le code de procédure pénale, des « gages sérieux de réadaptation sociale » : un projet bien ficelé, un contrat de travail, un logement, le tout garanti et investi par la personne qui espère une sortie conditionnée. La libération conditionnelle est une modalité de la poursuite de l'exécution de la peine, ce n'est pas la fin de peine, qui en l'occurrence n'est pas fixée. C'est un retour dans la communauté avec des obligations qui doivent permettre de poursuivre dans la bonne direction. Monsieur B la connaît puisqu'il n'a jamais douté d'en avoir pris une mauvaise.

Il présente au printemps au juge de l'application des peines un projet devant se consolider par la rencontre du futur employeur qui lui propose un contrat de travail. Il doit passer un entretien d'embauche afin que le chef d'entreprise puisse juger de ses compétences et de sa possible intégration.

Pour cela, il est nécessaire que l'entretien ait lieu *in situ* et non en détention, où le contexte biaiserait la rencontre et compromettrait une éventuelle collaboration.

Le principe d'une autorisation de sortie sous escorte pénitentiaire, à défaut de permission de sortie qui ne peut être octroyée à un condamné à perpétuité, est acquis.

Reste à organiser l'accompagnement. Ça ne se bouscule pas dans les rangs. Non que Monsieur B ait mauvaise réputation ou qu'il inspire une crainte, mais tout de même, « c'est un perpét' ! ».

Le juge est catégorique, Monsieur B ne peut sortir qu'accompagné de personnels aguerris, qui auront suffisamment de métier ou d'autorité pour assurer une sortie sans incident et sans risque d'évasion. L'enjeu est de taille, le mot est lancé.

Pour avoir suivi le parcours et réfléchi avec Monsieur B, je sais que cet entretien est capital pour décrocher un contrat de travail, un préambule indispensable sans lequel le projet n'aura pas l'estampille de sérieux attendu par les juges.

Qui pour mettre ses pas dans ceux de celui qui n'a pas vu l'horizon au-delà des hauts murs depuis près de vingt ans ?

J'en serai.

« Je vous remercie de votre confiance », m'écrit-il dans la lettre en réponse à mon acceptation. Je le convoque. Nous sommes séparés par un bureau, ce qui n'est pas l'habitude lors de nos échanges, d'ordinaire moins formels.

« Non, je ne vous fais pas confiance. »

Il reçoit ma phrase comme un uppercut et relève la tête un peu sonné, pris de doute sur mon intention.

« Je ne vous fais pas confiance, car il ne s'agit pas de confiance, mais de conviction et de volonté, je crois en ce projet, je crois en la réhabilitation, en la possibilité de faire des choix responsables et donc en mon métier. Je vous accompagne en ma qualité de professionnelle. La confiance est du ressort de la sphère privée, elle n'aura pas de place entre nous. »

Il est surpris, mais il a bien compris, et c'est sur cette base que nous attendons le prochain jour.

Le rendez-vous a été pris. Un surveillant est aussi présent.

Il est convenu que nous nous y rendions en voiture. L'entretien a lieu de l'autre côté de la ville qu'il faut donc traverser. Je ne crains que les embouteillages à cette heure, le risque d'être en retard ou de rester bloqués dans la circulation sans pouvoir actionner le verrouillage automatique des portes, qui n'est pas en option sur le véhicule de fonction.

Il traverse la cour intérieure pour passer la porte. En le voyant apparaître, j'ai l'impression d'avoir fait un bond en arrière dans le temps. Je suis dans le décor d'une photographie d'un album de mes parents.

Il est d'un chic incontestable, mais au charme désuet, qui ne sied pas à la circonstance. C'est drôle mais pas du tout ridicule, car ce jour est une cérémonie pour lui. Il a pris soin de sa tenue. Il est vêtu de son plus beau costume, le seul sans doute, celui qu'il portait dans les grandes occasions… il y a vingt ans. Veste à col « pelle à tarte », chemise à petit jabot et pantalon pattes d'eph', bref, tout est daté et comme si le temps s'était écoulé sans marquer les époques.

Notre trio se met en route, lui en costume presque d'époque, moi dans une tenue passe-partout, et le gradé sobrement vêtu sans rien qui ne vienne trahir la fonction. Nous sommes donc trois passagers incognito dans cette ville que Monsieur B découvre sur la banquette arrière.

Lui, d'ordinaire si sûr de lui, tangue un peu, chahuté par la conduite. Son teint est livide, ses yeux tournent au ralenti, son sourire se fige. Je comprends qu'il a le mal des transports, faute d'en avoir pris depuis si longtemps.

Je ne lui dis rien mais lui adresse un signe dans le rétroviseur. Il reprend des couleurs.

Nous croisons des automobiles, il s'étonne des formes arrondies ou anguleuses des carrosseries, des phares trop gros, des calandres fades. Il ne reconnaît pas le paysage urbain.

Il a la certitude en retrouvant ainsi, même provisoirement, la liberté qu'il ne renoncera pas à retrouver sa place dans ce décor, mais que ce sera au volant d'une grosse berline allemande.

Arrivés sur les lieux de l'entretien, je gare la voiture. Il sort et inspire fort cet air du dehors. Il a repris de l'assurance et son charisme est aussi brillant que le vernis de ses souliers.

Il se lisse les cheveux, remet quelques mèches dans le catogan qui épouse sa nuque et avance prestement vers son avenir. Derrière une dernière porte.

Le futur employeur est informé de sa situation et de son « statut de détenu ». Il ne se montre pas inquiet, car il « a besoin d'un type comme lui pour tenir sa boutique ».

Il me fait signe d'entrer dans le bureau. Je décline. Ce n'est pas ma place. Monsieur B doit être dans les conditions ordinaires d'un entretien d'embauche. Il me remercie de cette prévenance.

Je demande quand même à voir le bureau. Pas de fenêtre, pas de sortie dérobée possible. Cette précaution prise, nous attendons avec mon collègue dans une salle attenante.

Le retour à la prison est prévu une heure plus tard comme indiqué dans l'ordonnance du juge. À l'issue de l'entretien, Monsieur B salue l'homme, qui ne cache pas son enthousiasme de le voir bientôt rejoindre les autres employés, et nous le remercions.

En chemin, j'ai une idée : cette heure supplémentaire sera la 25e heure du jour. Je propose donc que nous nous arrêtions en chemin prendre un café en terrasse. Joie perceptible mais pudique dans sa démonstration, Monsieur B acquiesce tout sourire sans mot dire.

Je choisis un lieu peu fréquenté, un de ces bars à la périphérie du centre-ville, coincé entre une boulangerie et un marchand de cartes postales.

Nous commandons trois cafés. Monsieur B est sorti avec un peu de monnaie, qui s'égaille dans cette poche vide depuis des années. Le serveur dépose nos tasses et Monsieur B se lève brusquement. Je me raidis. Son empressement me surprend et j'avoue que je crains qu'un geste ne vienne gâcher ce moment. Je retiens un instant mon souffle. Il est au comptoir, règle le barman et revient s'asseoir à la table.

C'est alors qu'a lieu une chose insensée, une scène de film se joue, elle me transporte, spectatrice, sur le trottoir d'en face.

Monsieur B s'est offert le plus gros cigare du bar-tabac. Un énorme barreau de chaise qu'il fume ostensiblement et dont les épaisses volutes nous plongent dans un brouillard de studio. Avec son costume improbable, tout droit sorti d'un film de Jean-Pierre Melville, nous voilà avec lui figurants du *Deuxième Souffle*. Ne manquent plus que les gangsters issus de la pègre locale et quelques sbires prêts à s'enfuir avec la caisse.

J'éclate alors de rire, lui aussi, il a compris les pensées qui m'ont traversée.

Nous rentrons enveloppés de cette fumée et de ces rires mêlés. Une sorte de confiance s'est installée malgré mon préalable qui la réfutait.

Il a aussi acheté une carte postale qu'il souhaite envoyer à sa mère, une carte en liberté. Il écrit : « Je t'embrasse du dehors. »

Monsieur B demeure un souvenir inaltérable, parce qu'il m'a aussi permis d'éprouver pour la première fois, dans mon parcours tout juste débutant, ce sentiment, auquel rien ne prépare, qu'il y a des êtres que l'on aurait aimé rencontrer ailleurs, avant, à d'autres places.

# Lépidoptère

Elle n'a pas eu de cocon. Elle a fracassé sa chrysalide, trop pressée de voler de ses propres ailes avant d'avoir pris le temps d'apprendre.

De jour comme de nuit, elle a battu des ailes trop fort.

Elle s'est épuisée avant d'avoir atteint les lilas, s'est délectée de nectars trop amers.

À se poser souvent sur des fleurs toxiques et en ramener des pollens nocifs, elle a perdu ses couleurs.

Elle est épinglée dans un cadre sous verre.

Angeline est en captivité.

Angeline oscille entre passivité et irritabilité, entre capacité d'adaptation et marginalité, surtout marquée par la toxicomanie. Un manque de lien affectif, une incapacité à s'identifier. Angeline attribue à autrui tout le négatif de son existence. Confrontée par son acte à la réalité, elle est en quelque sorte face à sa réalité psychique, une défense nécessaire contre le danger de sa propre représentation morbide.

Angeline n'est pas simple et elle ne se laisse pas découvrir.

Elle a tué dans une crise, le discernement altéré, la maladie a coupé ses ailes.

Angeline est atteinte d'une psychose chronique de type schizophrénie paranoïde, stabilisée par une prise en charge psychiatrique et un traitement, auquel elle consent.

Angeline est belle. Lorsqu'elle était petite, remuante, elle tombait souvent, se prenant les pieds dans le tapis de son existence.

J'imagine comment tout a basculé.

Peut-être ainsi : un jour d'anniversaire, assise sur une balançoire, elle a entendu une voix. Celle-ci disait : « Elle se balance », comme si elle se voyait de l'extérieur ou que quelqu'un écrivait le script de sa vie.

Alors elle a accéléré, tendu les jambes, poussé son buste pour s'envoler plus haut et faire un grand soleil. Les stupéfiants, l'alcool sont devenus par la suite ses balançoires préférées.

Elle cherchait à retrouver cette impression que lui donnait la drogue et qui la rassurait. Ce moment du *déjà vécu*, un instant fugace que l'on nomme le « souvenir du présent », qui dure une demi-seconde et donne l'impression d'avoir déjà été là.

Angeline, excessive en tout, se cogne aujourd'hui aux murs.

La rencontrer est une plongée dans l'inconnu. Il faut proscrire les formules toutes prêtes, sans cesse adapter le discours, rechercher le mot précis. Elle est hyper attentive au cours d'un entretien, puis, sans motif, elle perd le fil de la conversation.

Son regard se fige alors. Les yeux grands ouverts ne cillent plus. L'enjeu est de la ramener dans l'échange sans la brusquer. Cela demande une concentration millimétrée, car ses réactions impulsives affleurent, on les sent déjà prêtes à bondir. Le discours l'agite, il produit chez elle une action, elle s'emporte, elle maugrée, elle s'agite.

Angeline jure, promet et questionne.

« Pourquoi personne ne répond à mes lettres ? »

Comment lui dire la vérité ? « Parce que vous n'écrivez pas. »

Angeline écrit des courriers dans son esprit mais ils y restent enfermés.

Angeline est en revanche très bien inscrite dans le temps et l'espace.

Elle donne avec précision l'heure et le jour d'un souvenir, d'une visite, d'un rendez-vous médical. Elle connaît le nom des médicaments qu'elle prend, les égraine comme elle réciterait une leçon. Ceux dont elle a besoin, ceux dont elle peut se passer, le moment où les prendre.

Angeline apprécie la compagnie des autres mais a du mal à supporter leur regard, vécu comme intrusif. Coutumière d'actes auto-agressifs pour évacuer le trop-plein d'émotions, elle est particulièrement surveillée, notamment la nuit, où des rondes supplémentaires s'ajoutent aux rondes ordinaires.

Mais cet œil à travers l'œilleton la transperce. Elle s'en plaint et son regard fixe se fraye un chemin. Elle crie : « Je ne suis pas une gamine ! »

Elle ne comprend pas que l'on prenne soin de son intégrité.

Le soin ? Elle ne sait pas ce qu'il signifie. Elle ne reconnaît que l'amour démesuré, les liens passionnels, l'excès d'effusion, les cœurs à la place des points sur les i.

Alors le soin, ce truc fade et banal, elle nous le laisse. « J'm'en fous ! »

Les entretiens sont souvent ponctués de moments de tension. Il s'agit alors de manier l'échange avec précaution pour éviter qu'elle ne dégoupille.

« Madame, je sors l'année prochaine et personne ne m'aide. Je n'ai pas eu mon allocation adulte handicapée, je n'ai pas eu de réponse pour un appartement social, je n'ai pas eu le bulletin scolaire de mon fils. Vous avez des cigarettes ? Je veux un travail en prison, je veux bien arracher les mauvaises herbes, ou nettoyer les chiottes, donnez-moi un petit boulot !

Je n'ai plus que des mégots, eh ! Tu m'écoutes ? J'en ai marre d'être ici, je suis tombée quand j'avais 20 ans et maintenant qu'est-ce que je vais faire ? Vous avez vu ma veste de jogging, c'est mon copain qui me l'a offerte, il est gentil, mais il est en prison, il est d'accord pour qu'on s'installe ensemble. Pourquoi personne ne répond à mes lettres ? Même à la radio, j'entends jamais mes chansons préférées…

J'ai acheté des bonbons, je peux les donner à mon fils au parloir ? Il a 7 ans, il travaille bien à l'école et il doit obéir à sa mère, c'est moi sa mère, alors il doit obéir. C'est important, c'est l'éducation. »

Elle tire sur son masque. « C'est chiant ce truc. »

Un large sourire s'ouvre sur ses dents abîmées. Son regard est un gouffre où passent des faisceaux lumineux et où des larmes restent accrochées sans couler.

Elle reprend : « Je n'ai pas eu mon allocation adulte handicapée, je n'ai pas eu de réponse pour un appartement social, je n'ai pas eu le bulletin scolaire de mon fils. Vous avez des cigarettes ? Je veux un travail en prison, je veux bien arracher les mauvaises herbes, ou nettoyer les chiottes, allez, donnez-moi un petit boulot ! »

Je mets fin à l'entretien, car elle ne dira plus rien d'autre que ces phrases en boucle qui s'entrelacent dans son cerveau, pour former un colimaçon de questions.

Je me lève et la raccompagne jusqu'à sa cellule.

Elle a promis, en tapant du poing et des pieds dans la porte ce matin, qu'elle ne la réintégrerait pas tant qu'elle n'aurait pas de réponses.

Elle est maintenant plus calme. Nous empruntons le grand escalier, on tient à deux sur les longues marches. J'accélère le pas, mais elle s'essouffle parce qu'elle poursuit son monologue entre deux paliers.

Dans sa cellule, une photo d'elle. Je la reconnais même si son regard est différent, aucun éclair ne le traverse. Je me penche sur ce visage.

Elle m'apprend que la photo a été prise lors d'une permission.

« J'suis belle, non ?

– Oui, vous l'êtes.

– Je ne vous fais pas penser à une actrice ?

– Oui, peut-être mais je ne vois pas à qui vous ressemblez, laissez-moi chercher.

Elle compte haut et fort jusqu'à 10.

– 1, 2, 3, 4, 5, 6, 7, 8, 9, 10 ! Bah, à, à… Marion Cotillard ! »

Silence. Un vol de papillon passe, léger et fugace.

« Bientôt je vais sortir et je vais m'envoler, loin. » Puis ses yeux s'embuent à nouveau. « C'est dur ici vous savez, après toutes ses années. »

La porte refermée, elle tambourine.

« Eh ! Oh ! J'ai pas fini ! Je n'ai pas eu mon allocation adulte handicapée, je n'ai pas eu de réponse pour un appartement social, je n'ai pas eu le bulletin scolaire de mon fils. Vous avez des cigarettes ? Je veux un travail en prison, je veux bien arracher les mauvaises herbes, ou nettoyer les chiottes, allez, donnez-moi un petit boulot ! »

# Administration pénitentiaire

Il m'est souvent arrivé de constater que l'adjectif « pénitentiaire » subit des contrariétés orthographiques.

Un établissement est pénitentiaire et non « pénitencier » encore moins « pénitentière ». L'erreur est fréquente et témoigne d'une ignorance plus que d'une étourderie ou d'une précipitation.

Est-ce parce que la terminaison féminine dupe l'utilisateur quant à son caractère invariable ?

Ou est-ce l'influence de la chanson d'anthologie, reconnaissable comme tous les standards dès les premières notes, cette adaptation française d'un folk américain, *The House of the Rising Sun* ?

Ou est-ce le cousinage laïc avec le terme « pénitence », ce profond remords pour les fautes commises et cette volonté de les réparer en expiant ?

L'orthographe est plus souvent correcte lorsque le mot précédent est au féminin, l'administration pénitentiaire est donc épargnée de cette coquille fréquente.

L'administration pénitentiaire est rattachée au ministère de la Justice, dont elle constitue une des directions. À sa tête, le ministre de la Justice, garde des Sceaux. Elle était dans le giron du ministère de l'Intérieur jusqu'en 1911. La mesure de police est devenue mesure de justice. Dès lors la peine n'est plus seulement une punition, elle devient la réponse pénale à l'infraction commise.

L'administration pénitentiaire a deux missions essentielles, la garde et la réinsertion.

Elle regroupe les lieux de privation de liberté : les prisons, plus de 190 sur le territoire, en métropole mais aussi en outre-mer et comprend également une centaine de services pénitentiaires d'insertion et de probation.

L'administration a en charge les personnes condamnées mais aussi les personnes prévenues, celles en attente de jugement, qui sont incarcérées ou attendent leur jugement en milieu libre, sous contrôle judiciaire ou bracelet électronique, assignées à domicile.

Il y a donc ce qu'on nomme un « milieu fermé », les prisons, et un « milieu ouvert », chargé du suivi des personnes qui exécutent une peine en dehors d'un lieu clos : assignation à résidence, travail d'intérêt général, sursis avec mise à l'épreuve… ainsi que toutes les peines aménagées, comme la libération conditionnelle, le placement sous surveillance électronique.

La prison n'est donc qu'une modalité d'exécution de la peine, même si elle demeure encore très souvent la peine de référence.

Dire dans un dîner « Je suis directrice de prison », et l'effet est garanti…

Les regards se détournent, ou au contraire se montrent curieux, les questions fusent ou les voix se taisent. La prison fascine ou révulse, chacun a un avis, croit détenir la bonne analyse. La prison est justifiée ou questionnée. Ceux qui espèrent qu'elle soit le lieu d'expiation du crime commis, le lieu de relégation chargé d'exclure celui qui a fauté, qu'il soit mis hors d'état de nuire. Ceux qui au contraire, curieux, s'interrogent et veulent connaître son organisation interne, les privations, les autorisations, les droits, les devoirs, ce qui s'y fait et comment se prépare la sortie.

J'ai naturellement plus d'intérêt pour ceux qui posent des questions en acceptant qu'elles n'aient pas de réponse prête à l'emploi.

La privation de liberté n'est pas la seule conséquence dans le vécu de la peine.

Sans même évoquer l'absence de menus plaisirs, de joies minuscules qui n'ont plus cours, une amie s'étonnait que les détenus puissent voter en prison : « Ils ont ENCORRRRE le droit de vote ? »

S'ils sont privés de liberté, ils ne sont pas, sauf exception, privés de leurs droits civiques. Le droit de vote s'y exerce.

Droit de vote par procuration, en obtenant une permission de sortie le jour du scrutin ou par correspondance.

Le taux d'abstention est en général bien moindre qu'au dehors, car une fois inscrites sur les listes électorales, les personnes détenues exercent ce droit qui n'est pas distrait comme il peut parfois l'être à l'extérieur par d'autres préoccupations ou occupations de la vie libre. Ce n'est pas que le sens civique soit plus affûté en prison, mais il prend toute sa valeur. Les votants se présentent donc au jour fixé dans un bureau improvisé mais respectant les modalités de scrutin définies par le code électoral. Ils glissent le bulletin dans l'urne, après un passage dans un isoloir, modeste paravent, qui garantit le caractère secret du vote.

C'est le défi de la prison. Son pari aussi. Comment concilier enfermement et réinsertion ?

L'administration a des missions exigeantes. Dans son aspect sécuritaire, elle assure l'exécution d'une peine d'emprisonnement (délit) ou de réclusion (crime) et les citoyens entendent qu'elle l'assure sans faille.

Mais elle est aussi comptable d'un amendement du condamné. Il s'agit de tout mettre en œuvre et de donner les moyens afin que le temps de privation de liberté soit mis à profit pour évoluer, réfléchir, s'interroger, se soigner, s'éduquer, se former, se réadapter, s'améliorer. L'objectif est que le condamné revienne dans la communauté des hommes d'où les faits l'ont un temps délogé.

Le travail en équipe, avec de multiples partenaires, associatifs et institutionnels, répond à cet objectif de sortie. La prison est donc un lieu ouvert et résolument tourné vers l'avenir. Mais ce n'est pas ce qu'on imagine quand on ne fait que regarder furtivement par le trou de la serrure.

Le sujet impose un détour par quelques définitions qui permettent de comprendre le fonctionnement mais aussi tous les lieux communs à dépasser si l'on veut entendre quelque chose au milieu fermé. Il existe plusieurs types d'établissements selon le quantum de peine et le statut du détenu. Les établissements sont répartis selon un maillage plus ou moins dense selon les régions, outre certains au régime mixte ou centres de semi-liberté.

Les maisons d'arrêt regroupent les détenus condamnés à une peine inférieure ou égale à deux ans et les personnes présumées innocentes en attente de jugement, celles qui sont en détention provisoire. Le terme de détention « préventive » n'a plus cours en droit depuis 1970, mais est encore souvent utilisé dans les faits. Sans doute parce que « provisoire » coïncide mal avec des détentions souvent longues en fonction des faits et des instructions.

La maison d'arrêt est le lieu le plus connu dans le public, souvent associé à la surpopulation, à la promiscuité et ses effets désocialisants.

Il n'y a pas de *numerus clausus* en maison d'arrêt. L'on ne peut afficher complet…

À l'inverse, les établissements pour peines, qui comprennent les centres de détention et les maisons centrales (selon le niveau de sécurité) ou centres pénitentiaires quand ils comportent un double régime de détention, ne peuvent accueillir plus de détenus qu'ils n'ont de places.

Dans les faits, le principe des centres de détention est celui de l'encellulement individuel de nuit et d'une relative autonomie de mouvement à l'intérieur. Ainsi, les portes sont ouvertes de 7 heures à 20 heures (selon l'organisation de la prison), et les détenus ont la clé de leur cellule, dite « de confort », ce qui leur permet en journée de se déplacer et de se rendre à une activité : au travail, au centre scolaire, à l'infirmerie, au parloir, à un rendez-vous avec le conseiller d'insertion et de probation qui les suit dans l'exécution de leur peine et prépare avec eux la sortie.

Il existe donc des modalités différentes d'exécution de peine, le régime de maison d'arrêt étant le plus connu car souvent le plus décrié en raison de la surpopulation chronique.

Le sens de la peine n'est pas donné. Il est à construire, pour chacun, selon les lieux, les conditions et la capacité. Me reviennent en mémoire les mots d'un père, président d'une association d'enfants victimes, dont la fille avait été martyrisée avant d'être tuée par un criminel incarcéré dans la prison où j'exerçais. Une phrase prononcée avec un tesson d'émotion fiché dans la gorge bien des années après le drame : « Assurez-moi que cet homme ne fait pas rien de son temps, que la prison sert à quelque chose. »

Une phrase si chargée, venue de si loin, qu'elle m'est restée et fait briller de son halo les jours plus mornes où, lasse de la gestion de plus d'échecs que de réussites, je cherche un sens dans ce tumulte de misère humaine.

# Le millionnaire

Il y a un langage de la prison. Les spécificités du lieu s'impriment dans les mots.

À l'origine meuble de voyage, puis magasin, la cantine est aussi le lieu où l'on sert à boire et à manger, et, plus récemment, un service de restauration collective.

La cantine, dans la mémoire des enfants devenus grands, évoque des souvenirs de plats qui soulèvent l'estomac. La langue de bœuf, baignée dans une sauce marron qui n'avait rien de Madère, les petites nervures et les papilles encore visibles après cuisson qui faisaient comme des bulles gluantes qui me dégoûtaient.

En prison, la cantine est le moyen de procéder à des achats permettant aux détenus qui disposent de ressources financières d'améliorer leur quotidien. Sorte de magasin interne, elle est gérée par l'administration pénitentiaire ou par des entreprises privées. C'est la « boutique » de l'établissement pénitentiaire.

La cantine propose des denrées d'usage courant pouvant être consommées sans préparation, des produits d'hygiène, des journaux et magazines, le nécessaire pour correspondre (stylos, papier à lettres, enveloppes, timbres), du tabac… La vente de certains produits est interdite, notamment les médicaments, qui ne peuvent être délivrés que sur prescription médicale, les boissons alcoolisées, les vêtements à capuche, parce qu'ils peuvent dissimuler le visage. La « cantine exceptionnelle » offre quant à elle la possibilité d'acheter des produits non proposés sur les bons de cantine. Ces achats s'effectuent par le biais de catalogues de vente par correspondance ou sur des listes de produits de grandes enseignes commerciales.

Les produits de cantine doivent être distingués des services fournis gratuitement. Si le détenu peut cantiner de la nourriture, ces produits viennent en supplément des repas qui lui sont quotidiennement servis par la prison.

La cantine est un sujet sensible, car elle est le moyen de consommer et un espace de liberté. Certains dont les moyens financiers sont importants achètent pour arborer des signes extérieurs de richesse et imposer leur autorité.

Monsieur M est un commerçant prospère. Il a réussi dans la vente de produits stupéfiants qui lui a permis d'investir les bénéfices dans la restauration rapide. Il gère plusieurs pizzerias et enseignes de plats à emporter. Il a placé tous les membres de sa famille dans son entreprise au montage financier complexe pour ne pas attirer l'attention des services du fisc, il a réussi et en est fier.

Lorsque le juge d'instruction qui l'a mis en examen pour une affaire de gestion occulte a fixé le montant de la caution à verser, la somme était si importante qu'elle devait être dissuasive et quasiment impossible à réunir dans le délai imparti.

C'était sans compter sur de généreux donateurs, tous mobilisés et comptes en banque ouverts par pure fidélité au patron.

« L'amitié n'a pas de prix, monsieur le juge. Chez nous, on a des valeurs. » L'amitié n'a pas de prix, mais elle a un coût.

Son entourage réunit la somme astronomique et Monsieur M n'est pas incarcéré. Cette liberté, il va la dépenser ensuite sans compter, il n'est pas homme à économiser. Monsieur M continue donc de régner sur son petit empire, sûr de son fait à défaut de son bon droit. Il amasse, dépense, vend, achète, négocie, compose, exporte, marchande, revend, transporte, échange et transige… Mais il est rattrapé par son casier judiciaire déjà bien chargé.

L'enseigne de la prison clignote. Monsieur M cette fois n'y échappe pas. Il passe par le comptoir du greffe, prise d'empreintes, dépôt de sa menue monnaie, un peu de liquide au fond des poches. Le comptable, surpris, compte 500 euros. « Un fond de poche », dit-il goguenard au surveillant.

On lui remet un livret d'accueil, des extraits du règlement intérieur et les fameux bons de cantine.

Puisqu'il a les moyens, il va s'en servir et acheter ainsi son aura et asseoir une autorité de façade. Tout est dans la devanture, l'apparence est son identité maquillée. Il reçoit chaque mois des mandats de sa famille et de ses fidèles amis, toujours aussi généreux. Il est habillé et chaussé de vêtements et d'accessoires de marque, siglé des pieds à la tête, une affiche publicitaire ambulante.

Nous sommes en établissement pour longues peines, aussi les achats extérieurs sont-ils plus fréquents et les produits proposés plus variés. Il n'y a pas de surcoût, sinon celui des frais d'acheminement et de livraison.

Les bons sont disponibles en détention, au bureau du surveillant, dans les coursives. Chaque semaine, à chaque jour sa cantine : lundi produits frais, mardi épicerie, mercredi boissons, jeudi revues, vendredi papeterie, et une fois par mois, la cantine « bazar » propose quelques articles d'électroménager.

Peu après son arrivée, Monsieur M prend sa plume. Il n'a pas l'habitude d'écrire des courriers, il rédige plus facilement des commandes ou des ordres par texto.

Sur le bon de cantine « bazar », il découvre incrédule qu'il n'y a pas de robot ménager, d'aspirateur à air propulsé, d'écran plat, de ventilateur, de climatiseur, de purificateur d'air, de cafetière à expresso, de blender, d'autocuiseur, de machine à pain, ni même de presse-agrume, de pierrade ou de plancha. Mais de qui se moque-t-on ?

Il sera incarcéré quelques années, et à défaut d'avoir un intérieur high-tech, il aura un extérieur éclatant. « Sapé comme jamais. »

Au fond de la coursive, je l'entends. Je le regarde de loin. Chaussettes de tennis blanches aux trois bandes, bleu, blanc, rouge, dans des claquettes de piscine assorties, il balaye en sifflant Maître Gims : « Haut les mains, haut les mains, sauf les mecs sapés en Balmain. »

# Une mise au point

Effet de l'enfermement, la prison confronte le sujet à son corps et aiguise les sens. L'institution, par son fonctionnement immuable, peut faire douter de l'appartenance à son corps. Ce corps devient livre de peau sur lequel s'inscrivent des signifiants (tatouages, musculation, automutilation...). Reste pour certains à l'éprouver.

Les détenus qui ont effectué un long temps de détention et qui sortent pour la première fois témoignent encore de cet autre effet de l'enfermement : le regard n'est pas arrêté par l'horizon, il peut aller loin, aussi loin que la vue le permet. C'est un élargissement de l'espace.

Car en prison, la question de ce que l'on voit, de ce qui est regardé, surveillé, est primordiale.

Les portes de cellule ne sont pas aveugles. On voit à travers, par l'œilleton, rien ne doit échapper au contrôle. Nombre de prisons ont été conçues pour répondre à cette exigence. Le panoptique est un type d'architecture carcérale conçu par le philosophe utilitariste britannique Jeremy Bentham à la fin du XVIIIe siècle. L'objectif de la structure panoptique est de permettre à un individu logé dans une tour centrale d'observer tous les prisonniers enfermés dans des cellules disposées autour, sans que ceux-ci ne puissent s'en rendre compte.

Celui qui va entrer est un homme sous contrôle qui a perdu l'habitude de regarder en face. Il a passé près de cinq ans à l'isolement. Ce régime n'est pas disciplinaire mais vise à mettre à l'écart des autres dans un quartier spécifique, soit à l'initiative de l'administration pour des questions de sécurité, en raison le plus fréquemment de risques d'évasion, de violence, de trouble au fonctionnement interne, soit à la demande du détenu lui-même, que le crime, sa personnalité ou son comportement excluent du collectif, rendant difficile la cohabitation avec ses codétenus.

J'attends dans le bureau du quartier d'isolement que les surveillants l'escortent jusqu'à moi. Il m'a demandé audience, il vient d'arriver et lui n'a pas choisi, ni d'être ici, ni le régime qui lui est imposé depuis des années. Il est braqueur-multirécidiviste, l'isolement lui est imposé. Il vient d'être transféré pour des motifs liés à la gestion du temps long de l'incarcération. Il ne pose pas de difficultés au quotidien, se montre correct à l'égard du personnel, même s'il conteste la peine infligée.

Ses errements passés, son passif de délinquant et ses antécédents mouvementés dans d'autres établissements obligent à prendre des précautions. Il n'est pas dangereux, mais peut le devenir s'il perçoit une faille. Et il sait la trouver, il s'en est même fait une spécialité. Sur un échiquier, il avance ses pions et n'aime pas perdre la partie.

Je le reçois comme tout autre détenu écroué, mais comme je suis encore en apprentissage du métier, je suis secondée pour cette audience par un gradé. Lui est rompu à l'exercice, connaît ce profil et ne se laisse jamais impressionner.

Sa sérénité me gagne. J'entends les pas se rapprocher dans le long couloir du quartier des isolés, l'espace vide amplifie le son qui se rapproche.

Notre homme entre, encadré de deux surveillants. Il porte un pull noir de la marque à la virgule blanche qui lui barre la poitrine, un jean un peu ample et des baskets rutilantes. Il a le cheveu bien coupé, noir de jais, plaqué en arrière pour dissimuler une légère calvitie. Les années commencent à peser.

Courtois, il me salue. Je l'invite à s'asseoir sur la chaise face à moi, nous sommes séparés par une table. Sous le plateau du bureau est installé un bouton d'alarme relié au poste de contrôle, qui permet de donner l'alerte et d'appeler des renforts si l'entretien prenait une mauvaise tournure. Je me garde à cet instant d'y penser. Les objets sont parasites, je ne dois pas risquer de faire montre de fébrilité à l'encontre d'un homme au palmarès si impressionnant. Il a plusieurs braquages à son actif, commis en bande organisée, son association de malfaiteurs était prospère. S'il n'a pas, comme il s'en défend, de sang sur les mains, il omet le traumatisme indélébile laissé par une arme pointée sur la tempe d'une victime.

Condamné à de multiples reprises, il a aussi effectué plusieurs tentatives d'évasion. Il ne se soumet pas à l'ordre et le contrat social ne lui dit rien qui vaille. Le seul contrat qu'il connaisse, c'est celui mis sur la tête d'un traître.

Échassier, il s'installe, pose les mains sur ses genoux dont les rotules saillantes émergent sous le tissu du pantalon.

Il ne ressemble pas à la photographie du dossier, celle où il porte son matricule. Il est plus émacié. L'isolement réduit aussi l'exercice physique. Celui-ci se résume à quelques heures dans une salle de sport rudimentaire, quelques tours de promenade, mais sans commune mesure avec la condition physique qu'imposaient ses activités civiles passées.

Il a deux prénoms, dont l'un est son patronyme. J'ai constaté sans que l'on puisse en tirer une loi que cela est souvent vérifié. Certains criminels ont un prénom pour nom, une identité tronquée de sa filiation au moins dans son énoncé. Y aurait-il dans le choix d'une vie sans loi, la marque de celle manquante du Père ? Une quête d'identité non rassasiée ?

Il s'installe de l'autre côté de la table, face à moi et au gradé qui se tient à mes côtés.

Ce dernier ne semble pas surpris par ce qui est en train de se jouer. Je n'ai pour ma part jamais rencontré d'homme ayant passé autant d'années à l'isolement.

À peine assis, il penche un peu la tête et je surprends son regard. Comme une focale, il cherche l'angle de vision, règle le diaphragme. Son œil tourne, tourne, à droite, puis à gauche, dans son orbite, un strabisme fugace. Cet œil comme affolé par les images qui s'inscrivent dans sa rétine. La mise au point faite, il me regarde maintenant bien dans les yeux.

« C'est un des effets de l'isolement, j'ai perdu l'habitude du face-à-face, je ne sais plus regarder naturellement un interlocuteur dans les yeux. Il faut ce petit temps d'adaptation. Quand je suis entré, c'était trouble, mais maintenant, c'est bon, je vous vois. »

Je suis saisie par cet effet que je ne soupçonnais pas : l'environnement rétréci et le manque de contact avec les autres ont des conséquences physiologiques. Je suis décontenancée, mais bien vite, je me reprends quand il enchaîne : « Eh ! Dites-moi, vous êtes jeune ! Vous avez passé un concours ou un casting ? »

Il s'esclaffe. « Y a de nouveaux critères dans la pénitentiaire ? »

Je dois vite reprendre la main. La suite de l'entretien est plus conventionnelle, nous parlons de son parcours et je conclus en lui indiquant que nous avons déjà un point commun.

À son tour, il s'étonne, sourcils levés, yeux fixes : « Vous comme moi avons pour objectif que votre détention se déroule sans accrocs. »

Je lui fais mon couplet métaphorique du boomerang : comme on le lance, on le reçoit.

Il sort et, en se retournant, me fait un clin d'œil. Est-ce une dernière mise au point ?

Je me dirige vers la sortie du quartier, presse le bouton d'appel de la serrure électrique commandée depuis le poste de contrôle situé à l'extérieur du quartier d'isolement et fais un signe à la caméra placée au-dessus de la porte. Le surveillant me parle d'un geste. La porte s'ouvre, l'œilleton fait un mouvement de balancier puis se fixe, position close.

# Motus

*Perceval*, le texte de Chrétien de Troyes auquel Éric Rohmer a consacré un film, est un récit d'initiation. Perceval est conduit à mourir à ses illusions pour naître à ce qu'il est et qu'il ignorait : n'être que Perceval. Qu'il soit initié à la chevalerie par Gornemant de Goort, à l'amour par Blanchefleur ou à la vie intérieure et mystique par l'ermite, ces étapes vont permettre à Perceval de s'ancrer à la parole pour devenir un homme.

La parole n'est parfois que du babil qui fait perdre au langage sa fonction d'échange, des mots plus rapides que des idées. Alors, la prison permet parfois d'apprendre à parler.

Devenir un être parlant, pour dire ses émotions, ses frustrations. C'est aussi le sens du travail auprès des personnes détenues, afin de substituer le langage des mots à celui des poings. Pour certains c'est un véritable apprentissage, une rééducation.

Il s'agit d'appréhender la réalité, sans lui accoler des mots syncopés, des expressions remâchées qui assènent des phrases comme des coups. Certains, plongés dans un bain de langage qui aurait perdu sens, trouvent dans le passage à l'acte violent une façon de se faire entendre. Se réapproprier le langage est alors vecteur de sens et de choix de vie.

Rabattre ses instincts, son impulsivité pour trouver le chemin de la phrase qui donne aussi sa place à l'autre, comme interlocuteur et non plus comme ennemi potentiel qui m'empêcherait de jouir ici et maintenant.

D'autres par contraste ont le verbe facile et assomment de paroles.

Lui arrive de Roumanie via la Serbie, il veut faire fortune, un business de vente de recel de produits de luxe. Les cousins baltes commettent les vols, lui se charge de trouver des filières pour écouler la marchandise auprès de clients peu scrupuleux pour lesquels un prix accessible tient lieu de garantie d'authenticité, quelle que soit la provenance.

Il est rond, cheveux ébène. Il a passé les deux derniers jours en garde à vue mais n'a rien perdu de sa verve. Il crie à l'erreur judiciaire, au manque de preuves, et consent à la peine uniquement s'il peut la purger là-bas, en Roumanie, où sa femme et ses chers enfants l'attendent. Il se présente donc comme le *pater familias*, venu tenter sa chance en France pour améliorer l'ordinaire.

Il a connu les années Ceaușescu, il a combattu le régime et a résisté aux contraintes imposées par la dictature avec ses moyens, usant de la débrouille et d'un sens aigu de la combine. Son sens civique est mouvant. Il a fait sien ce principe, même s'il n'a jamais lu Machiavel : la fin justifie les moyens.

À peine arrivé, il se montre exigeant. La cellule est mal éclairée et un peu trop vieillotte à son goût. Il exige qu'on lui en attribue une autre ou qu'on lui accorde la possibilité de la repeindre. Il a le don de frôler les limites pour les faire vaciller. Tout est prétexte à discours, à d'interminables échanges, il a la joute verbale aisée.

Il ne se soumet pas sans avoir eu pour chaque point du règlement intérieur une explication dont il décidera si elle est convaincante. Sinon, il faudra recommencer.

Il veut pouvoir porter sa chevalière, ses bracelets de force en cuir et ses colliers en or qu'il tient de sa mère, qu'il évoque en pointant son index au ciel puis en portant ses doigts à sa bouche en les embrassant.

On lui explique autant de fois que nécessaire le règlement : seul est autorisé en détention le port d'une alliance, d'une chaîne de baptême ou d'un bijou hérité mais discret. Pour le reste, tout est déposé à la fouille, au coffre de la comptabilité avec son passeport, l'argent liquide, bien consigné en un inventaire précis, déposé dans un sachet à son nom, afin d'être mis à l'abri des convoitises le temps de son incarcération.

Il a peu d'argent sur lui, quelques dizaines d'euros, un vieux téléphone portable à clapet, signe selon lui qu'on ne prête qu'aux riches et qu'il n'est donc pas l'homme vénal dont le procureur a fait le portrait lors du débat précédant sa mise en détention.

Il comparaîtra dans quelques semaines pour vol et recel de vols et aura donc le temps nécessaire pour préparer sa défense. Il est si volubile qu'il saura trouver les mots, mais sauront-ils convaincre le tribunal correctionnel qu'il y a eu méprise ?

Pour lui, nul doute possible, ou si infime qu'il doit lui profiter. Les enquêteurs se sont fourvoyés, aveuglés par le stéréotype du Roumain roublard.

Il attend donc cette audience, toujours en parlant, son verbe haut atteint des intonations gutturales. De sa voix de baryton, il occupe l'espace et parfois une grande partie du temps de faction du surveillant à son étage.

Chaque jour, il quémande, revendique, jacte, pérore, discute, devise, bavarde, converse, baratine. Tout est prétexte à ne pas se taire. D'aucuns y verraient la manifestation d'une angoisse latente, celle fondée sur la crainte d'être oublié.

Aucun risque immédiat.

Un matin, alors que je suis au téléphone, je suis interrompue. Je fais attendre mon interlocuteur en posant la main sur l'écouteur. Le gradé frappe. La porte s'ouvre, sa mine soucieuse ne me dit rien qui vaille.

Je raccroche prestement le combiné.

« Excusez-moi de vous déranger… C'est Monsieur Z. Il était virulent ce matin, son procès a lieu demain et il se demande s'il pourra être entendu. Son avocat l'a rassuré hier, mais ce matin, à l'ouverture de sa cellule, il ne parle plus.

– Il ne parle plus ? »

Cela paraît si incongru le concernant que je crains le pire.

« Il est muet, madame.

– Muet? Lui?

– Il est persuadé que personne ne l'entend ni ne l'écoute, alors il a décidé de ne plus parler.

– À la bonne heure! »

Je suis soulagée mais surprise que cela puisse inquiéter le gradé.

Je m'interroge : est-il revenu à plus de mesure? J'échafaude des hypothèses. Peut-être a-t-il enfin compris qu'il valait mieux proscrire cette logorrhée et dire enfin la vérité.

Non. Je vais apprendre qu'il a employé les grands moyens.

Il s'est cousu la bouche avec du fil dentaire et une aiguille qu'il a dû subtiliser.

Stupeur dans les coursives. La sirène des pompiers résonne déjà sur le boulevard en face de la prison, une extraction en urgence à l'hôpital est prescrite par le corps médical présent, les infirmières sont bien embarrassées pour prodiguer les premiers soins. Il ne gémit pas et ses yeux au contraire trahissent la satisfaction d'avoir attiré l'attention sans mot dire.

Cet acte de rébellion aurait pu être emprunté à une performance de l'artiste Ulay, célèbre compagnon de Marina Abramovic, des pionniers du body art. Il est certain qu'ils n'auraient pas renié cette façon théâtralisée de leur compatriote de dire l'impuissance à se faire entendre et le refus d'avoir à s'expliquer.

# Sondage

L'ouïe est un des sens les plus aiguisés en détention. Le silence n'est jamais de mise. Les bruits familiers sont arrimés au fil des heures qui coulent, ils s'amplifient à l'écoute attentive et se feutrent à l'heure de la fermeture des portes.

Le bruit des clés, mais aussi celui plus caractéristique des barreaux qui résonnent lors du sondage des barreaux. Il permet de vérifier si des actes de détérioration ont été commis et participe à la prévention des évasions. Ce geste professionnel quotidien, au son si distinctif, émis par la barre de fer glissant contre les barreaux pour s'assurer qu'aucun ne sonne creux. Il s'entend de loin et s'il est réalisé au même moment à plusieurs étages, il forme un son presque continu auquel on s'habitue.

Un drame est venu mettre en évidence l'impérieuse nécessité de sécuriser cette pratique professionnelle, longtemps exécutée par un seul surveillant. Francis Caron, surveillant principal, entre ainsi dans l'histoire pénitentiaire.

Le 15 août 1992, cet homme, fonctionnaire bien noté et très apprécié de la hiérarchie comme de ses collègues, meurt dans l'exercice de ses fonctions. Il est pris pour cible, non en raison de ce qu'il est mais de ce qu'il représente.

Le surveillant Caron est de service ce jour-là. Vers 13 heures, alors qu'il vérifie à l'aide d'une barre métallique la solidité des barreaux de cellules à son étage, il est agressé par un détenu, auteur de crimes, déjà passé à l'acte à deux reprises. Il s'empare de la barre de fer et assène au surveillant des coups violents. Francis Caron décède à l'hôpital quelques jours plus tard et l'émotion submerge toute la profession.

Lors des obsèques, l'éloge funèbre prononcé par le garde des Sceaux de l'époque, Michel Vauzelle, souligne l'exemplarité de ce surveillant et le courage de tous les autres. Il sera décoré à titre posthume. L'institution lui rend honneur chaque année et son souvenir tragique demeure dans la mémoire de tous.

Les surveillants protestent contre le manque de sécurité et exigent une réforme des procédures visant une gestion adaptée aux profils violents et des effectifs en nombre suffisant. Le mouvement prend de l'ampleur dans toutes les prisons. Il dure trois semaines. Les agents réclament une réforme pour prévenir de tels actes.

Parmi ces mesures, l'une est directement issue des enseignements tirés du drame. Elle prévoit la mise en place d'un protocole de vérification du barreaudage des cellules, rendant obligatoire la présence d'un second surveillant.

Désormais, ce geste professionnel, et sacramentel en ce qu'il porte la mémoire de cet homme, est enseigné lors de la formation des agents à l'École nationale d'administration pénitentiaire. Il ne peut s'effectuer qu'en binôme.

La mémoire de Francis Caron continue de résonner.

# Première fois

Un jour la porte s'ouvre, plus grande. La sortie se déroule au petit matin. Départ en cortège de la maison centrale de Saint-Maur, sur les pas de George Sand, figure littéraire de la région. Il est prévu de visiter sa maison, château du XVIIIe siècle situé à Nohant-Vic au sud du Berry dans le département de l'Indre, puis de prendre les chemins de campagne pour une randonnée.

Sortir de Saint-Maur est presque un oxymore. En effet, cette maison centrale sécuritaire mise en service en 1973 est une prison dont l'architecture et le régime sont conçus pour accueillir des longues peines et des personnes détenues aux profils violents, instables, ou pouvant compromettre par leur dangerosité la sécurité des établissements. On y exécute un temps de peine plus ou moins long selon les parcours, pour rejoindre ensuite un établissement pour peine dont la vocation est tournée vers la réinsertion. Néanmoins, on sort de Saint-Maur.

Le cumul des peines de ces cinq hommes qui passent la porte pour la première fois aujourd'hui est vertigineux.

Ces permissions de sortie encadrées ou « autorisations de sortie sous escorte » sont accordées aux condamnés à la réclusion criminelle à perpétuité ou à ceux qui ne sont pas encore dans les conditions pour obtenir des permissions ou autorisations de sortie.

Les sorties sont conçues comme un temps dans l'exécution de la peine et ont pour objectif de confronter les condamnés à la réalité de leur sortie, même lointaine, même incertaine. Reprendre contact avec l'extérieur, retrouver des repères, élargir l'horizon pour évaluer la capacité à recouvrer un jour la liberté et ses codes. Elles ont sur celui qui en bénéficie des effets physiques : marcher sans limite d'espace, et psychiques, réagencer sa perception du réel, se confronter à l'impossible retour vers le passé.

Ces sorties sont des mises à l'épreuve, n'en déplaise à certains qui les réduisent à des moments récréatifs.

Nous montons dans le minibus loué pour l'occasion. J'allume la radio pour distraire du silence qui s'est installé depuis le passage de la porte. La dernière fois qu'ils l'ont franchie, c'était à leur entrée, et encore ils n'étaient pas piétons, mais embarqués dans un fourgon cellulaire aux vitres fumées. Faux médecin, vrai braqueur, tous ont été choisis et leur dossier présenté au juge et au procureur et étudié en commission d'application des peines. Il s'agit de donner un sens à ces sorties, il ne s'agit pas de temps agrémenté ou d'une récompense pour bonne conduite.

Tous les cinq mesurent l'enjeu du moment. Avant, je les ai réunis dans le grand hall qu'ils ne connaissent pas, car il est situé hors de la détention, pour leur donner les consignes et leur rappeler les règles.

J'ai ajouté : « Je souhaite qu'il vous soit difficile de passer à nouveau cette porte ce soir après cette journée. »

Tous n'ont pas compris. L'un d'entre eux assurément, je n'ai aucun doute. Cette sortie va l'éprouver et il sait que c'est aussi l'objectif assigné. La liberté ne sera pas donnée, elle est à reconquérir.

J'allume la radio, la bande FM s'arrête sur la voix d'Alain Souchon. Je pousse le volume et aperçois des sourires dans le rétroviseur. La tension commence à baisser. La détente s'amorce.

« Les cadors on les retrouve aux belles places
Nickel
Les autres, c'est Saint-Maur, Châteauroux Palace,
Plus de ciel
Des mains font des vers à lire
D'autres des revolvers qui tirent
Le monde voit le monde en riant
Et pourtant »

Nous prenons la route. La voix directive du GPS fait son monologue. Les yeux rivés sur le paysage qui défile derrière les vitres, je vois se dessiner sur leurs visages la lumière des champs labourés, celle vacillante entre les arbres, l'éblouissement du reflet de l'eau de la rivière sur leurs mémoires en ruine.

Nous arrivons dans la cour du château.

Stop.

Que puis-je rapporter des émotions vécues ? J'ai les mots mais ils me semblent étriqués et nécessitent d'être augmentés d'une part de vécu.

Que puis-je exprimer de cette sortie sans trahir les impressions de ceux qui l'ont éprouvée ?

Je peux dire les yeux ébahis, la gaucherie de certains, l'aisance d'autres, mais ce dont je me souviens surtout, ce sont les pupilles dilatées face à l'horizon qui s'ouvre et l'effet du vent comme une fumigation de leurs idées sombres.

Ce qui importe pour la suite du parcours, une fois la sortie définitive prononcée, est ce qu'il reste de l'émotion des premiers pas dehors. Je pense immédiatement à l'un d'entre eux. Cette sortie a été constitutive pour lui et je sais qu'il saura en parler avec justesse dans l'intensité du lien professionnel qui nous a unis.

Nous ne nous sommes pas parlé depuis plusieurs mois quand je demande à cet homme de partager ce souvenir avec moi. Il a été libéré depuis peu, il accepte. Nous prenons rendez-vous téléphonique, mais cet appel n'est pas banal, nous ne nous sommes jamais appelés. Ce contact nous replonge dans une émotion intacte, celle de la première fois.

Une première fois dans la vie de cet homme après tant de dernières fois.

« Je l'avais souvent imaginé quand il est arrivé, ce jour de la sortie ! L'émotion ne survient ni à l'endroit ni au moment où l'on pourrait s'y attendre. Le réel est si différent, l'imaginaire nous a égarés. Sortir soulève les sédiments d'une vie mise à l'écart. »

Plus de vingt-cinq ans entre quelques mètres carrés, de la cellule aux couloirs, du poste de travail à l'infirmerie, du bureau du psychologue à la bibliothèque, d'un cours de philosophie à un jeu de pétanque, de la promenade au terrain de sport, de la coursive à la cellule, du greffe au bureau du chef, durant lesquels jamais il ne s'était approché de la grande porte. Il n'avait marché que sur des surfaces planes depuis son incarcération, pas de dénivelés, la sortie est donc aussi une expérience physique.

« L'espace est si vaste que l'air y est aussi différent. On respire plus ample. Effet d'une réanimation. On réalise en un instant qu'on n'a pas un corps, mais qu'on est un corps. »

Ce corps, me dit-il, réagit aux stimuli, secoué du feu d'artifice des sensations. Les yeux sont éblouis, le cerveau est étourdi, les jambes sont cotonneuses, le pouls est plus rapide, les picotements chatouillent les doigts, les frissons balayent l'épine dorsale. La vie engourdie s'ébroue pour reprendre en liberté une marche ralentie par les années de réclusion.

Pour l'avoir étudié durant ces années de détention, il est devenu un spécialiste de Spinoza, et ce qu'il en a appris lui revient lorsqu'il m'évoque ce qu'il a éprouvé. En effet, dans *De l'origine et de la nature de l'esprit*, Spinoza définit l'idée d'un corps en acte. Il réfute la dualité classique du corps et de l'esprit, pour une unité de l'esprit et du corps. Le corps n'est plus la seule anatomie, il devient un corps dans lequel l'esprit se pense.

Lui ne joue pas à l'érudit, il est un esprit vif et brillant. Le reconnaître n'est pas nier l'horreur du crime commis et les vies dévastées. Les faits sont terribles, effroyables, perpétrés avec un sang-froid qui a glacé l'opinion et dont les circonstances après des années de faux-semblants ne lassent pas de susciter doutes et interrogations sur la sincérité, le mensonge, le narcissisme… Autant de notions qui ne s'accommodent pas de raccourcis mais nécessitent au contraire analyse et réflexion. Mais le temps médiatique file au gré de l'opinion publique, qui a besoin de réponses nettes, tranchées, immuables. Un monstre est un monstre, un affabulateur, un manipulateur, et mettez-moi deux livres de carottes et de pommes de terre pour ma soupe.

Cet homme a vécu dans une parallèle. Il n'était pas « incorporé », son esprit évoluait sans amarres dans un brouillard de sens pour finir par perdre le sens commun. Il dérivait en apesanteur, dans une transcendance qui avait fini par le happer au point d'oublier la préciosité de l'être. Qu'importe de concevoir la vie comme sacrée, ce qui s'impose en revanche, c'est sa sacralité.

« Il s'est passé alors une chose inattendue, me dit-il. Lors de cette sortie, je revis le souvenir du souvenir. Aux images de l'extérieur se superposent des réminiscences en arrière-plan. Une réalité augmentée par les souvenirs. C'était à la fois douloureux et heureux. Les émotions sont fortes lorsque c'est le corps qui les convoque.

Vous souvenez-vous aussi de l'entrée dans la maison de George Sand, cette maison qui semblait avoir été quittée la veille ? Je me souviens du tombeau de George Sand, à l'écart dans le jardin bordant la maison. Je m'en suis approché. Elle était en ce jour de sortie la tombe de mes morts. *Memor*, "qui se souvient"… »

Il s'interrompt. La pudeur ponctue cet échange.

« Je n'ai rien oublié et quand j'ai tenté ensuite en reprenant ce chemin de retrouver ces sensations, de revivre cette intensité, ce n'est pas advenu, il n'y a qu'une première fois, et vous en avez été le témoin. »

J'ai participé à rendre cette sortie possible et j'en connaissais les effets. J'ignorais qu'elle avait pu si fortement s'imprimer comme une étape et guider depuis cet homme.

Ce jour-là nous sommes tous rentrés à l'heure prévue. Avant, nous avons fait une halte dans un café de village.

Nous avons pénétré en cortège dans un bar qui semblait avoir échappé au temps. Tout était intact, l'affiche de Martini, la publicité pour jus de fruits, les images Panini, les slogans publicitaires sur des plaques de fer, les verres alignés sur la tablette au-dessus du bar, les chopes de bière, les écharpes et bannières à la gloire du club de foot de Châteauroux, les tables en formica et ce comptoir monumental planté au milieu, le repaire des chasseurs. Nous

nous sommes attablés, les mains glissant sur la toile cirée, de petits verres transparents de cantine et un grand pichet d'eau ont été posés avec autorité par le patron, dont la moustache jaune de Gitane maïs couvrait les quelques dents qui tenaient encore.

Assis autour de la table, ils me regardaient incrédules, émus de pouvoir commander un café et le régler.

Enfin payer l'addition…

J'imaginais en les observant accoudés au zinc ce que penseraient ces trois chasseurs si j'avais présenté notre groupe. Leurs fusils de chasse en bandoulière, les étuis de munitions à la ceinture, ainsi invincibles, ils auraient pu chanceler si nous avions fait les présentations. Les bêtes à l'agonie, ils connaissent ; les criminels fraîchement sortis de Saint-Maur, la centrale du coin, dont la réputation donne le frisson, bien moins.

Leur tableau de chasse aurait pu être détrôné ce jour si cette rencontre avait eu lieu.

« J'te jure ils étaient là, ces types de la centrale, cette prison pour les plus dangereux, oui celle où était Carlos, pas le chanteur, non, mais le terroriste du Drugstore en 74, tu sais, oui, la prison centrale, celle où il y a eu une évasion par hélicoptère, et bien, crois-moi si tu veux, les types étaient là, à boire un café, tranquilles, ils n'ont pas tenté de s'échapper, ils regardaient beaucoup autour d'eux mais sans broncher. Il y avait des personnes qui les accompagnaient mais discrètement. Ils venaient de Nohant, et ils s'arrêtaient pour une pause avant de rentrer. J'ai pas tout compris, j'ai essayé d'en reconnaître certains, je me demande bien s'il y était, le type qui s'est fait passer pour un médecin pendant des années et qui a tué toute sa famille. Mais ils ont dû vieillir. En fait, ça ne se voit pas le crime sur eux, ils sont comme toi et moi. »

Nous sommes rentrés et le retour a été éprouvant, un sentiment d'enfermement, de mouvements reclus, sensations plus vives encore, après cette journée en liberté, mais l'objectif était atteint. Revivre le souvenir du souvenir, faire le chemin à rebrousse-pas.

Ces sorties sont des petits cailloux blancs posés sur les années de détention pour retrouver ce qu'il reste de liberté quand on demeure, à perpétuité, un sortant de prison.

# Cigarette

Le tabac est autorisé en détention, et parfois tout le pécule du mois s'envole en fumée.

Je la croise sous les arcades, les préaux, les cours de promenade, au début, à la fin de journée, l'hiver, l'été, elle a toujours une cigarette aux lèvres.

Elle EST une cigarette.

Une blonde, forcément stupide.

Une cigarette allumée qui se consume.

Elle est longue, élégante,

Camel et blanche, bicolore à l'extrémité rouge orangé.

Prise dans le vent, sa cendre virevolte, accélère son petit feu.

Elle est fugace, s'allume, s'éteint.

Elle sera la cause de son irrémédiable fin.

Et voici qu'elle rencontre une bouche,

Une blonde pour une brune,

Elle se colle à ses lèvres,

Bute sur ses dents et répand sa fumée alentour.

Elle va contenter cette bouche, l'époumoner, l'envahir, picoter et assécher ses papilles.

Elle la croit douceur, elle ne va lui laisser que l'amertume.

Rien ne passe plus entre cette fumée blonde et la bouche brune.

Elle la commande et l'empoisonne.

Elle la prive de choix.

Elle est un petit bout de rien, et le tout de son addiction.

# La perpétuité perpétuelle

Bureau de la prison. Un homme que je sais condamné à perpétuité m'a écrit. Il souhaite parler de son avenir avec la direction. Je le reçois. Il m'évoque son projet. Unité de lieu, de temps, mais nous ne parlons pas la même langue. Je ne le comprends pas, pourtant il s'exprime avec assurance et un certain flegme.

Je ne veux pas refroidir son enthousiasme, mais je suis troublée.

« Il me reste une petite année à faire, c'est le bon moment pour préparer la suite, qu'en pensez-vous ? »

Un an ? Je tente de réunir mes pensées et ralentir mon débit. Je patauge en reprenant mentalement sa fiche pénale. Un an ? Cet homme, qui a déjà passé une partie de sa jeunesse derrière les barreaux, peut-il ignorer le quantum de sa condamnation ? Est-ce une dissociation de la pensée, une perturbation de l'esprit, une inhibition du jugement et une perception contrefaite de la réalité ? Ou me teste-t-il ?

Je tente avec tact : « Un an de prison, le croyez-vous ? »

J'ai envie de le bousculer, refaites donc le calcul ! Nous n'y sommes pas.

Où nous situer sur l'échelle du temps ? Quel terme lui opposer puisque la perpétuité n'en a pas.

J'étais loin de l'imaginer, mais il va me donner une leçon.

« Oui, je suis à un an de la fin de ma période de sûreté. »

Raisonnement déductif, clair et cohérent. La période de sûreté est vécue comme le premier palier du sommet à gravir, des années.

Déjà en 1840, Louis Napoléon Bonaparte, qui vient d'être condamné à l'emprisonnement perpétuel, se demande : « Combien de temps dure la perpétuité en France ? »

La question se pose à chaque sortie anticipée d'un condamné à perpétuité. Chaque fois ce même refrain entonné : la perpétuité n'existe pas. Cette affirmation est aussi inexacte que sa démonstration requiert de pédagogie. Parce que la perpétuité agit comme un faux ami dans l'esprit et trompe l'opinion.

La perpétuité n'est pas une peine à vie mais une *possible* peine à vie.

C'est à cette incertitude que sont condamnés ceux qui écopent de la peine maximale.

Dans l'ancien droit, la peine est le mal qui doit abolir celui infligé par le crime. Peine et châtiment sont les deux plateaux de la balance. L'enfermement n'est pas une peine mais seulement une mesure administrative. Il s'agit d'exclure le criminel ou sa capacité de nuire.

À la Révolution, si l'objectif de la peine reste de protéger les citoyens et d'assurer leur sécurité, l'ambition est aussi de favoriser l'amendement par la réclusion et le travail.

Cet esprit hérité des Lumières inspire la Déclaration des droits de l'homme et du citoyen de 1789 mais ne se retrouve pas dans le code pénal de 1810, appelé « code de fer ». Ce code poursuit une logique plus répressive, en réintroduisant notamment les peines perpétuelles. La peine de travaux forcés, perpétuelle ou à temps, en nombre d'années, a pour fonction d'éliminer le condamné de la société et de décourager les velléités criminelles par des conditions d'exécution particulièrement rigoureuses dans les bagnes. L'ordonnance du 4 juin 1960 substitue la réclusion criminelle à perpétuité à la peine de travaux forcés à perpétuité, qui deviendra la sanction la plus sévère dans l'échelle des peines après l'abolition de la peine de mort.

Qu'un homme ou une femme, condamné(e) à perpétuité, sorte et ne finisse pas ses jours en prison, et la question revient comme les saisons : « Alors, convenez que ça n'existe pas, la prison à vie ! »

C'est une mascarade judiciaire, une tromperie de l'honnête citoyen qui a rendu la justice au nom du peuple. Ce dernier se sent floué, comme une victime trahie. Les victimes ne sont-elles pas condamnées, elles, à vivre à perpétuité avec l'absence et le manque ? Comment justifier l'espoir maintenu du condamné alors que les victimes en sont privées ?

Or, la peine de prison à perpétuité existe en droit et la prison jusqu'à la mort peut exister dans les faits.

Certains se récrient. Ils ont déjà en tête des noms de criminels sortis avant de mourir entre les murs.

Aborder cette question oblige à penser en droit et non en émotion.

La perpétuité est incompréhensible sans prendre en compte la période de sûreté qui y est consubstantielle.

L'article 132-23 du code pénal prévoit que, en cas de condamnation à la peine de réclusion criminelle à perpétuité, la période de sûreté attachée à la peine est de dix-huit ans. La période de sûreté est un temps de la peine pendant la durée de laquelle aucun aménagement n'est possible, ni libération conditionnelle, ni même permission de sortie. Les réductions de peine ne peuvent s'appliquer qu'à compter de la fin de cette période. Le sablier du temps est figé, pas un grain ne s'écoule.

Cette période de sûreté en cas de condamnation à la perpétuité peut être élevée pour certains crimes à vingt-deux ans. Or, la législation s'est durcie à la suite de faits d'une particulière gravité, commis dans des circonstances terribles, qui ont ému l'opinion et conduit à plus de sévérité envers les individus dangereux, pour une meilleure protection de la société. D'abord par une loi adoptée en 1994, qui prévoit que la peine à perpétuité peut être assortie d'une période de sûreté de trente ans pour un assassinat commis sur un mineur de moins de 15 ans accompagné de viol ou d'actes de torture ou de barbarie. Ensuite, en 2011, lorsque l'assassinat a été commis sur une personne dépositaire de l'autorité publique, et depuis la loi du 3 juin 2016 en cas de crime terroriste.

Dans ces cas, les cours d'assises peuvent prononcer des peines de perpétuité assorties d'une période de sûreté pouvant aller jusqu'à trente ans, mais aussi des peines de perpétuité incompressibles. Le meurtrier condamné à la perpétuité assortie d'une période de sûreté de trente ans ne pourra bénéficier d'aucun aménagement de peine, d'aucune étude de sa situation pénale avant ce terme.

Pour les peines perpétuelles bien réelles, un aménagement conditionnel est prévu afin que la législation pénale soit conforme aux principes érigés par la Cour européenne des droits de l'homme, qui considère que l'éventualité d'une libération même infime doit être envisagée.

La peine n'est donc pas monolithique. Elle s'érode mais la liberté peut s'y fossiliser avant qu'elle n'advienne hypothétiquement.

La peine à perpétuité existe donc.

Affirmer l'inverse impose que soient réunis les termes de cette équation à multiples inconnues : que le condamné exécute trente ans de détention, qu'à l'issue il sollicite auprès de trois juges une étude de sa situation, en présentant des gages sérieux de réadaptation sociale qui seront évalués à l'aune des efforts accomplis et du risque de récidive, qu'il obtienne qu'un collège d'experts se prononce sur sa dangerosité criminologique.

En 2019, on dénombrait cinq condamnés pour lesquels cette peine de perpétuité incompressible a été prononcée.

Aujourd'hui, aucun d'eux n'a pu faire de demande car l'examen de leur situation n'est pas prévu avant 2030, sans certitude concernant leur avenir.

Le syllogisme qui consiste à conclure que la perpétuité n'existe pas parce que certains qui y sont condamnés sortent de prison ne résiste pas à l'épreuve de la réalité. La différence avec une peine à temps est qu'il n'y a pas de date de fin de peine. Dans son exécution, cette incertitude est la signature de la « perpét' » et sa spécificité. Le temps du criminel reste dans la main des juges, il ne peut en disposer, soumis à un autre que lui. C'est une peine en clair-obscur qui s'exécute derrière les murs.

Le sujet n'est pas ici de juger de son opportunité, ni d'interroger son bien-fondé – car la peine est individualisée en droit français, adaptée aux crimes, à la personnalité de l'auteur, au contexte –, mais d'entendre qu'elle existe dans les faits et en droit.

Ce qui semble en revanche pertinent, au-delà de la question de sa réalité admise ou de sa certitude réfutée, c'est le sens qu'elle peut avoir et qu'il convient de lui donner, sauf à admettre qu'elle ne soit qu'une mort sociale, lente et sans espoir.

La perpétuité, peine des peines, se conjugue avec la conception humaniste de la prison qui impose souvent de revenir au crime commis pour la justifier.

Admettre que, dans l'échelle des peines, la perpétuité ne peut pas ne pas exister.

# Boucherie

Quelle bande d'andouilles !

Parce qu'elle avait une tête à aimer
les grandes surfaces, les grands boulevards,
les concerts en plein air, les promenades en bord de mer,
les dealers sympas, les copains de toujours, les amis de passage,
les causes perdues, les âmes foutues,
les musclés à tête creuse, les noceurs allumés,
les jours de pluie, les trains de nuit,
les chemins de traverse, les sentiers perdus
les incisives des routiers,
les sourires des pompistes.

Elle avait une tête à vouloir être libre, sans trop savoir ce que cela voulait dire.

Et puis, un jour, elle croise un bel amant, le charcutier.
Alors elle deviendra ce qu'elle déteste.
À l'étroit, dans une vie bien rangée, aux draps bien pliés, à l'argent bien économisé.

Au frais, dans la chambre froide de la boutique et celle à peine tiède de sa maison.

Elle aura des étés sandwichs, des automnes rôtis, des hivers mitonnés, des printemps sous vide.

Jusqu'au jour où la tête de veau l'inspirera, elle découpera celle du charcutier qui ne la regardait plus.

Elle sera condamnée et sera classée un temps aux cuisines de l'établissement, au poste exigeant de la découpe.

# Statue

L'art permet de s'évader. Ce poncif est intégré par ceux qui ont le besoin, l'envie, parfois le don de créer pour se libérer ou pour donner sens à une existence enfermée.

Sur les soixante-quatorze années de sa vie, Sade aura passé plus de vingt-neuf ans dans les prisons et aura composé derrière les murs la majeure partie de son œuvre. « Impérieux, colérique, emporté, extrême en tout, d'un dérèglement d'imagination sur les mœurs qui de la vie n'a eu son pareil [...], en deux mots me voilà. [...] Tuez-moi ou prenez-moi comme cela car je ne changerai pas. » Tel est le portait que Sade dresse de lui-même. Dans une lettre à sa femme en 1783, il ajoute : « Si, comme vous le dites, on met ma liberté au prix du sacrifice de mes principes ou de mes goûts, nous pouvons nous dire un éternel adieu, car je sacrifierais, plutôt qu'eux, mille vies et mille libertés si je les avais. »

Sade, Villon, Verlaine, Apollinaire, Genet, chacun à sa manière, dans son style, a débuté ou poursuivi une œuvre entre les murs.

Je n'ai pas rencontré d'écrivains, mais beaucoup qui, pour rompre avec un quotidien et l'univers codé de la prison, se sont essayés à l'écriture, la peinture, la sculpture...

Rien ne destinait Monsieur D à la sculpture, pas plus qu'à la prison.

Fils de militaire, ayant reçu une éducation rigide, il a eu une enfance calme et joyeuse, quoiqu'un peu austère, la fantaisie n'ayant pas cours chez les D.

Nomade affectif, il n'a pu s'attacher ni aux lieux, ni à des camarades, en raison des affectations successives de son père, changeant de caserne chaque fois qu'il prenait du galon.

Enfant, il se réfugiait dans des mondes imaginaires, puis, adolescent, dans des paradis artificiels pour échapper à cette solitude et à cette sourde angoisse de n'être enraciné nulle part, ne trouvant pas dans le paternel un modèle.

Il a grandi seul. Sa mère, femme au foyer et femme du commandant, avait déjà fort à faire quand ses deux frères sont arrivés. Ce fils unique a été relégué au rang d'aîné de cadets qui prenaient tous les soins et l'espace. Les jumeaux le renvoyant bientôt à sa solitude de n'avoir pas, comme eux, de double complice.

Monsieur D a cherché à exister et cette quête, malgré la bonne éducation et le milieu social préservé, a pris le chemin de la délinquance. D'abord de petits larcins, puis, un jour, une sombre soirée, il a porté des coups de ce petit couteau à lame acérée et pointue. Plusieurs, sans arrêter son geste, le bras de haut en bas, jusqu'à ce que le corps de l'homme s'affaisse.

Incarcéré, il n'a pas souffert de solitude, il l'avait domptée, mais du désamour de ses parents qui ne se sont pas remis de ce qui ne devait pas arriver, « avec tout ce qu'on lui a donné ».

Souhaitant tromper l'ennui, il a choisi la sculpture. Il a commencé par le bois, avant de s'attaquer à la pierre, celle de Caen. Le site de la prison est bâti sur les anciennes carrières de la Maladrerie, le quartier de la ville où le centre pénitentiaire, bâtiment construit en 1843, accueille des longues peines depuis 1975. La pierre de Caen est une pierre calcaire, d'un jaune clair, qui devient blanche à l'exposition à l'air. Elle est crayeuse et fine, à petits trous, ce qui rend son travail aisé, mais elle est aussi friable et sensible à l'érosion.

Homogène, elle peut être extraite sous forme de blocs épais ou de grandes largeurs et de nombreux gisements situés dans l'agglomération caennaise ont été utilisés pour la construction d'édifices.

La sculpture lui permet d'inventer des formes, de tailler, de modeler, d'exprimer son besoin de donner à ses mains un autre destin que celui de tuer.

On lui autorise ciseaux à graver, râpe, rifloir, maillet, massette, burin ou pointerolle.

Il construit une selle de sculpture avec un vieux tabouret et des planches de bois.

Ces outils dont le détournement pourrait être dangereux sont rangés dans une armoire fermée à clé, que seul le surveillant, en charge du bâtiment où est installé son atelier, détient. Monsieur D y travaille seul et est enfermé quand il sculpte.

À la fin de la séance, il range les outils à la place indiquée par un dessin du contour de l'outil afin d'en faciliter le contrôle par le surveillant.

Cette organisation a fait l'objet d'échanges avec les personnels afin de s'assurer d'un protocole et de consignes de sécurité strictes. Preuve s'il en était qu'en prison il est possible d'être créatif sans rogner sur la sécurité. C'est dans cet esprit que l'atelier de sculpture a vu le jour à la prison de Caen. Un atelier modeste, mais où Monsieur D donnait enfin le meilleur de lui-même.

Le directeur de l'établissement, animé de la volonté de créer les conditions d'une réinsertion, a accepté la proposition de Monsieur D.

Après s'être essayé à de petites pièces, visages, animaux, corps en mouvement, objets de décoration, il a proposé de faire une grande œuvre. SA grande œuvre.

Une sculpture de plusieurs mètres de hauteur, taillée d'un seul bloc, destinée à orner l'espace de verdure à l'arrière de la prison, du côté du bâtiment des fins de peine.

Il a l'idée d'ériger un éphèbe sortant d'une immense coque. Il représenterait une renaissance stylisée, l'émergence de l'homme nouveau affranchi de ses démons passés.

Sur papier, cette proposition n'est pas iconoclaste. Inspirée de la Grèce antique, elle convainc tant par la beauté qu'elle ne manquera pas de figurer que par la signification qui y est attachée.

On ne se méfie jamais assez de l'imagination.

Durant des mois, Monsieur D, dont les poussières du calcaire envolées blanchissent les cheveux et la barbe, s'adonne à son œuvre. Il burine, cisèle, façonne, découpe. D'abord des pièces dans son atelier, des morceaux à assembler, puis ensuite sur le terrain, à même l'énorme bloc de pierre auquel il s'attaque par la base. Ses mains deviennent calleuses.

Il est fourbu au soir, mais il nous assure que l'œuvre prend forme et qu'il n'y a pas à douter qu'elle soit terminée dans les délais.

En effet, afin de lui permettre de travailler plusieurs heures, il est décidé que le chantier devra être mené au cours du printemps et de l'été, lorsque les jours s'allongent, aux heures où la lumière plus intense permet de travailler sur cette parcelle d'herbe, à l'écart des bâtiments.

Il s'y rend, les bras chargés de ses outils, poussant parfois une brouette emplie de blocs de calcaire jaunâtre, bientôt blanc.

Son projet est soutenu par une école des beaux-arts pour l'aider aux différentes étapes du travail de sculpture et grâce aux menues subventions utiles au financement des matériaux, et il est convenu d'organiser à la fin du chantier une inauguration avec les partenaires de cette entreprise atypique.

Une œuvre d'art dans une prison, effectuée par un détenu autodidacte et qui demeurera la trace de son passage, est un exemple pour tous ceux qui voudraient à leur tour se réaliser. Tous n'ont pas le talent mais ce sont les valeurs qui sont mises à l'honneur.

Bien sûr nous l'avons vu s'ériger,
Bien sûr nous avons suivi les étapes,
Bien sûr cet éphèbe a pris corps,
Bien sûr ces proportions interrogeaient,
Bien sûr ce n'est pas tout à fait ce qui était annoncé,
Bien sûr au moment de tirer sur le drap immense qui la recouvrait, des « Oh ! Ah ! Oh là là ! » ont fusé.

Bien sûr nous avons tous été un peu gênés.

Le sexe démesuré du jeune homme viril et puissant sortant de cette matrice, un œuf aussi imposant, a troublé les spectateurs. Les dimensions sont apparues mal calculées ou d'un équilibre discutable tant d'un point de vue anatomique que pudique.

Bien sûr, très vite, l'automne arrivant, à la demande de la direction, Monsieur D s'est attelé à la sculpture d'une feuille de vigne, elle aussi monumentale.

L'art a été sauf, le bon goût aussi.

Cette sculpture est restée à son emplacement. Sans doute la pierre blanche a-t-elle subi la patine des intempéries, mais le bel éphèbe est demeuré dans sa démesure originelle. Qu'elle soit érigée et conserve sa place dans un lieu où la fantaisie n'est pas de mise est le signe d'esprits curieux et d'un vrai sens artistique, ou de l'humour.

# Rire

Monsieur N est incarcéré depuis de longues années. Il porte de grosses lunettes, celles que le service des armées a longtemps données aux détenus qui ne pouvaient s'en payer. La monture est en métal, elles sont fabriquées en série sur un modèle rudimentaire. Les branches sont recourbées à leur extrémité pour entourer l'oreille et assurer un bon maintien. Elles sont ainsi solidement plantées sur le nez. Les verres sont de vraies loupes. Ces lunettes donnent un regard étrange, dilatant le regard, les yeux floutés par les verres bon marché.

Monsieur N n'en a cure, il peut lire et c'est tout ce qui lui importe. Les moqueries sur son physique, il les a connues et elles l'ont conduit à commettre le pire.

L'ovale de son visage est dessiné de sillons qui creusent ses joues, son teint est terne. Il porte des vêtements sombres, pantalon de velours marron, pull jacquard bleu marine, chaussures de ville noires. Il est petit et semble à l'étroit dans ses habits. Il est toujours couvert de plusieurs strates de vêtements, même aux jours ensoleillés. Il a froid, ou est devenu frileux en prison. Toutes ces couches superposées de teintes brunes et foncées lui servent-elles à se camoufler ?

La plus épaisse et sombre est celle de sa culpabilité.

Sa vie est devenue un aspic, à travers laquelle on distingue les superpositions de son être en morceaux.

Avant les faits, il était fonctionnaire, préposé de la Poste. Il arpentait les rues de sa ville nouvelle. Inscrites dans le plan d'urbanisme édifié à partir de 1965 afin de faire face à la pression démographique et à la croissance de la région parisienne, ces villes nouvelles, adoptant un tracé régulier en damier, figuraient un désir d'organisation du tissu urbain. Il a acquis un modeste pavillon à Cergy-Pontoise, où sa seule et unique fille est née. Avec sa femme, ils y vécurent, sinon heureux, au moins tranquilles.

Jusqu'au jour où Monsieur N a été victime d'un accident du travail. Il a été renversé par un chauffard. Délit de fuite. Il a été projeté sur plusieurs mètres contre l'asphalte, sa tête a cogné l'arête du trottoir et il a perdu connaissance. À son réveil, traumatisme crânien, multiples contusions et fracture de la jambe. Quelques mois passés en rééducation, choyé par du personnel bienveillant. Lui qui n'avait jamais reçu autant d'attention a ressenti de la tristesse en quittant le centre à la fin de sa convalescence.

Il a conservé de cet accident une légère claudication.

Il devient alors la risée au sein du foyer familial, moqué par sa femme qui lui reproche de ne plus être capable de monter sur une échelle, de bricoler, de couper la haie. Elle s'impatiente de sa marche devenue plus lente. Elle le tolérait avant, il l'insupporte maintenant.

L'enfer commence avec elle.

Sa fille adolescente n'est pas plus tendre. Déjà un père facteur, elle ne le disait que du bout des lèvres, mais un père boiteux, elle en a honte. Son infirmité l'exclut de cette famille qui ne lui a consenti jusqu'alors qu'une médiocre affection. Ni l'amour ni le désir n'ont trouvé de place entre ces êtres. L'impuissance de Monsieur N, qui n'a jamais été avérée mais dont sa femme s'est persuadée, a fini par étioler leur couple. Depuis la naissance de la petite, sa femme préfère faire chambre à part pour occuper celle plus proche de l'enfant. Le caractère fusionnel de cet amour filial a balayé ce qu'il restait de celui aux fondations du ménage.

Il affronte les petites humiliations quotidiennes de sa femme et de sa fille, complices et soudées dans le dégoût qu'il leur inspire.

Elles rient chaque jour de lui d'un rire goguenard en le regardant de haut. Ce rire dévale leurs gorges et l'atteint comme une piqûre de venin.

Il se tait, mais ces moqueries forment un magma de colère qu'une décompression peut rendre éruptif.

Il a pris l'habitude de se promener seul dans le bois à proximité de la maison. Il se pense à l'abri, ainsi protégé par les arbres. Il a un temps contemplé les animaux, les insectes, les lichens et les mousses, cherché des champignons, jusqu'au jour où fortuitement il a surpris un couple forniquant dans un bosquet. Peu après, il a été abordé par une femme. Relations tarifées. Le temps de l'étreinte, il a cru qu'il comptait pour quelqu'un. Il est donc revenu, de plus en plus souvent, conscient de sa misère affective mais satisfait de ce succédané.

Ses errances dans les bois sont devenues des rendez-vous, elles lui ont permis de faire des rencontres, des femmes et des hommes qui comme lui venaient consumer la tendresse, assouvir un fantasme ou colmater une solitude.

Un jour, il a cru être abordé par une femme. Une joggeuse, à la silhouette longiligne, belle blonde aux yeux clairs, au port altier. Il n'a pas compris quand elle l'a repoussé et s'est moquée de lui. Il a alors tenté de courir pour la rattraper, croyant à un badinage.

La joggeuse s'est arrêtée. L'a regardé de haut avec dédain et a ri, ri, ri…

Il l'a suppliée de se taire mais son rire a continué de résonner entre les arbres.

Le volcan est entré en ébullition, la lave a jailli et a tué la jeune fille au rire sonore.

Il a relâché ses mains entourant son cou quand elle n'a plus bougé et il est resté prostré près d'elle de longues heures, toute la nuit, la veillant et la couvrant de sa veste. À l'aube, il s'est rendu au commissariat et a conduit les policiers près du corps.

Il a été condamné pour meurtre, l'enquête a conclu que le mobile tenait au refus par la joggeuse d'une relation sexuelle. Tous ont été convaincus, juge, avocat, psychiatres, que cet homme, dont le profil n'était pourtant pas celui d'un prédateur, avait agi sous l'effet d'une pulsion. Puisqu'il a avoué, le verdict est tombé et il s'est replié.

Après des années de détention, il a pris la couleur des murs, il ne demande rien.

Il répète : « Je ne peux pas demander pardon. »

Je m'étonne : « Comment ça ? Vous reconnaissez les faits, vous avez un authentique sentiment de culpabilité comme l'ont souligné les experts. Alors pourquoi affirmez-vous ne pas pouvoir demander pardon ? Bien entendu ce pardon peut paraître futile, mais il est l'expression d'un remords qui est peut-être attendu. »

Il précise : « Même si je le veux, je ne peux pas. Je ne suis plus autorisé à demander quoi que ce soit et surtout pas le pardon. Que peut-on demander encore à cette famille à laquelle on a tout pris ? Non, rien à demander, à personne, mais tout à exiger, de moi. »

Il a fait vœu d'exemplarité. Je n'en ai pas rencontré de semblables.

Il est auxiliaire en détention, il effectue un travail rémunéré pour le compte de la collectivité au sein de la prison. Certains travaillent en cuisine, aux cantines, à la buanderie, au ménage, lui est auxiliaire de bibliothèque. Il gère le prêt de livres, relie soigneusement les couvertures des ouvrages, ordonne les rayonnages, classe, archive, conseille parfois ses codétenus. Comme l'ère du numérique, juste amorcée, peine à pousser la porte des prisons, avec ses fiches et ses stylos il ressemble au cliché du bibliothécaire plongé dans les rayons poussiéreux de livres, ses grosses lunettes sur le nez, tirant un chariot rempli d'ouvrages à remiser.

Le temps s'est arrêté, son rythme est immuable et Monsieur N ne sourit jamais. Comme si toute esquisse des lèvres annonçait une catastrophe. Il reste ainsi à attendre. On ne sait quoi, mais personne, puisqu'il ne reçoit aucune visite.

Il attend le salut, la mort, le soulagement. Il ne demande rien, que lui donner ?

Il est parfois vain de chercher un sens à la peine lorsqu'elle est vécue comme une expiation. La liberté se conçoit alors ainsi : la liberté de ne pas se pardonner.

# Le puzzle

Le tohu-bohu de la détention sauve de la solitude, du vide, du chaos.

Les bruits participent à l'atmosphère et la nuit s'échappent des portes de cellules ceux assourdis de musique, de radio ou de télévision, et ceux plus sonores des voix des commentateurs sportifs les soirs de match, dont les décibels s'enflamment selon l'action en cours ou l'enjeu de la rencontre.

Il n'y a pas de silence. Sauf en soi…

Madame M est la doyenne du lieu. Elle le revendique comme une appartenance à une caste valeureuse et vaillante qui aurait bravé ces années de détention en restant droite dans ses convictions et son déni.

De petite taille, le dos légèrement voûté, elle arbore des cheveux blancs soigneusement coupés, elle avance à petits pas assez gracieux, avant de planter ses yeux acier qu'adoucit à peine la monture écaillée de ses lunettes dans ceux de son interlocuteur.

Elle prétend qu'elle aime la compagnie des autres, qu'elle est affable, mais elle trouve toujours matière à se plaindre en se faisant abhorrer par tous.

Sous de faux airs d'amabilité, elle conspue, critique, délivre sous le sceau du secret de fausses confidences, excelle dans la propagation d'une rumeur, se délecte des disputes, souffle sur les braises ardentes d'un conflit qu'elle a attisé, comme une pyromane de la relation.

Acariâtre, elle dissimule mal son aigreur, sauf quand il s'agit des faits bien mal jugés, selon elle, ayant conduit à sa condamnation. Elle n'exprime aucun repentir, aucun affect, aucun remords, puisqu'elle considère avoir sinon bien agi, du moins aussi justement que la situation l'imposait.

Elle a tué de plusieurs coups de fusil un locataire indélicat qui ne s'acquittait pas de son loyer. Comme pour Arpagon et sa cassette, il y a des sujets qui ne souffrent aucun arriéré ni décompte.

Madame M fait tout et toujours payer…

Madame M n'a donc jamais entendu le sens de la peine et depuis peu, à cette agnosie volontaire, s'est adjointe une réelle surdité.

Je la croise dans les couloirs, elle plante ce regard acier qui brave l'autorité qui pourrait lui être opposée.

Je l'interroge : « Comment allez-vous, Madame M ? Tout se passe bien avec vos codétenues ? Pas de difficultés avec le personnel ? Vous avez bien eu vos médicaments, le supplément alimentaire ? »

Elle me répond comme si elle m'entendait à travers une vitre, ne percevant que les mouvements de mes lèvres mais sans pouvoir décrypter le message :

« Il me manque un extrait de mon compte.

– Votre compte nominatif, mais vous l'avez eu ce mois-ci déjà. »

Elle s'anime : « C'est pour vérifier que l'administration ne me vole pas ! »

Un compte nominatif est systématiquement ouvert à l'écrou pour toute personne détenue. Il comporte trois parts : une part disponible au cours de la détention, une part dédiée aux parties civiles – un montant est prélevé automatiquement, les détenus pouvant aussi faire des versements volontaires pour s'acquitter de leur dette –, et une part dite libérable, qui servira à préparer la sortie.

Un jugement ou un arrêt pénal est le plus souvent assorti d'un jugement ou arrêt civil qui fixe le montant des préjudices liés au délit ou crime commis dû aux victimes.

Les préjudices peuvent être extrapatrimoniaux (préjudice corporel, esthétique, d'agrément, moral, sexuel) et patrimoniaux (préjudice matériel, dépenses de santé ou de soutien).

Un montant est fixé par le tribunal ou la cour d'assises pour chaque préjudice. Les sommes à indemniser peuvent donc être considérable selon les faits commis.

J'interromps Madame M. : « Savez-vous qu'il vous faut indemniser la partie civile ? »

Silence.

« Je n'entends pas bien, madame la directrice. Une partie de quoi ? »

Silence.

« Madame M, si vous sollicitez un aménagement de peine, c'est un élément important qui va être examiné par le juge de l'application des peines et le procureur pour fonder leur décision. Cette indemnisation fait partie de la peine, madame. »

Avec une voix de stentor, digne d'un général qu'elle aurait pu être : « Madame la directrice, je ne vous ai pas compris ! Et vos surveillantes m'agacent lorsqu'elles prétendent que je n'entends que ce je veux. »

Sans se départir de son air digne, elle reprend un puzzle de mille pièces. Il représente une vue de l'arrière-pays niçois, garrigues et landes, ruisseau et lavande.

Un paysage qu'elle connaît bien pour y avoir des terres et des propriétés qui lui assurent une retraite coquette. Elle est la seule à payer des impôts fonciers d'un tel montant au sein de l'établissement. La propriété lui tient lieu de valeur.

Je reste à ses côtés, elle plonge dans sa bulle, s'absente sans bouger mais me dit : « Il y a beaucoup de pièces, et surtout beaucoup se ressemblent, c'est pour cela qu'il est difficile, ce puzzle.

– Voulez-vous que je vous aide à trouver les pièces manquantes ?

– Non, madame la directrice, vous savez, il manque toujours des pièces. On croit qu'elles y sont parce qu'il y en a beaucoup, mais certaines filles qui ne sont pas douées ne les remettent pas à leur place et alors on s'épuise à les chercher. Je crois qu'elle a disparu, la pièce qui s'emboîte parfaitement pour terminer le jeu. »

Elle me fixe, candide : « Bon courage, madame la directrice. »

# Évasion

La pointe de Saint-Guénolé-Penmarc'h est un paysage découpé de rochers aux formes arrondies, anguleuses et étranges. Battue par la mer, façonnée par le vent. Le promeneur peut distinguer parmi ces rochers des oreilles de lapin, un rhinocéros, et toute une ménagerie hétéroclite. L'attirance exercée par les rochers ne doit pas seulement au pittoresque des lieux, mais au spectre de la Camarde qu'ils recèlent. Il y en a un, tragiquement célèbre depuis 1870, que les habitants de cette côte désignent « la roche des victimes ».

J'ai entendu tant de fois cette histoire dans la bouche de ma grand-mère, puis dans celle de mon père, accumulant les détails, plus ou moins avérés, mais qui chacun avait pour fonction d'ajouter une note dramatique à l'événement.

Le récit commençait immanquablement par cette phrase, qui aurait pu être celle d'une enquête policière : « On ne retrouva que les couverts en argent. »

Nous y allons en famille, les jours de beau temps, mais plus souvent ceux de tempête. L'atmosphère et la lumière y sont magnétiques. Les flots se succèdent et les flocons d'écume déposent sur nos visages cerclés d'une capuche fermement nouée une fine pellicule d'air salin qui rend la peau sèche et goûteuse. Le vent rend la marche hasardeuse, on s'accroche les uns aux autres pour avancer face à l'océan bleu marine, on tangue, entre le bruit de la mer et le vent qui fouette nos pas.

C'est mon écume des jours heureux.

J'entends encore mon père hurler contre le vent pour se faire entendre des estivants qui s'avancent sur les rochers et se penchent pour profiter du spectacle des vagues qui se fracassent en gerbe blanche contre le granit et s'élèvent plus haut que la digue.

Il moulinait l'air de ses bras, leur adressant des signes bruyants pour les faire revenir de l'autre côté de la balustrade. Il disait : « Regardez-les, ces imprudents ! Reculez, bon sang, reculez ! »

Le 10 octobre 1870, l'ancien préfet du Finistère, Gustave-Léonard Pompon-Levainville, organise un pique-nique en famille. L'air est doux pour un mois d'automne, et sa femme, ses enfants, sa nièce et la bonne décident de s'installer sur la roche la plus haute formant une esplanade pour abriter leur table improvisée.

C'est aussi le meilleur endroit pour admirer les rochers en dégustant les mets contenus dans le panier-repas.

Mais alors que la mer semble calme en surface, une vague déferlante jaillit et submerge le granit, emportant les membres de la famille.

Pas un cri, pas une tentative de sauvetage. Ils périssent tous noyés sous les yeux impuissants du préfet, seul rescapé.

Une croix en fer que le temps et le sel ont rouillée marque l'emplacement, et un garde-corps, installé depuis 1923, dissuade de s'en approcher. Sauf ceux qui énervent mon père.

Cette pointe surplombant la mer est le lieu de mon évasion, celui où je viens reprendre force quand les éléments se déchaînent. Debout, me tenant à bonne distance des anfractuosités des blocs de granit, j'inspire profondément, je reste droite, arrimée au ciel acier. Les nuages frôlent les rochers, ils se confondent au loin sur la ligne de l'horizon.

Je prends dans la figure des paquets d'embruns, le vent m'ébouriffe et me remet les idées en ordre. Ce lieu hostile mais d'une profonde vitalité est une allégorie de la prison. L'ordre y est souvent secoué, les moments parfois houleux, mais la vie finit par reprendre un cours plus calme et les rencontres se poursuivent.

# PH

*Le crime fait la honte et non pas l'échafaud.*
Corneille

« La France a peur, un enfant est mort. Un doux enfant au regard profond, assassiné, étranglé, par le monstre qui l'avait enlevé pour de l'argent. »

Le ton glacé, la mine défaite, Roger Gicquel, présentateur de la première chaîne, ouvre ainsi le journal télévisé et scelle un destin.

La télévision, en couleur depuis peu, la perd tout à coup, ne reste que le noir de l'annonce dans ce morne soir de février 1976. Un vent d'hiver traverse l'écran et refroidit le salon des téléspectateurs. Une bise souffle sur cette France aux aguets.

Derrière ses Ray-Ban fumées, Patrick Henry, le cheveu clair, un peu long sur la nuque, assis bien au fond d'un fauteuil, n'a pas froid, lui, lorsqu'il répond à une interview.

Dans une pièce aux couleurs chaudes, murs orangés, couleur en vogue dans les intérieurs des années 70, il se tient droit, et lorsque la caméra fait un plan serré, son regard est impassible, sa gestuelle ne trahit aucun émoi. À la question du journaliste sur les soupçons qui ont pu peser sur lui, il acquiesce : « La dernière fois que j'ai vu Philippe, c'était il y a quatre ans. Oui, bien sûr, il y a eu des coïncidences, c'est pourquoi la police s'est adressée à moi. » Et plus loin, dans un cynisme vertigineux : « Ça fait mal au cœur pour les parents, et surtout pour le petit garçon, on souhaite un dénouement très rapide et heureux dans cette affaire. »

Avec une longueur d'avance sur la vérité, il défie son interlocuteur. Son air absent semble nous dire : « Ne vous fiez pas aux apparences. » À la question du journaliste concernant la peine de mort pour les assassins d'enfants réclamée par le garde des Sceaux, il insiste et répond sans hésitation : « Je pense que c'est oui, c'est mon avis. »

Il a 23 ans quand il tue. Une existence trop courte comme celle sans vie ligotée sous son lit. Le jeune Philippe Bertrand, la victime, son aîné assassin Patrick Henry, tous deux ont un prénom pour nom. Étrangeté des destins.

Patrick Henry. Le nommer suffit à convoquer tout ce que ce nom a charrié de lutte et d'espoir pour l'abolition de la peine de mort. L'homme n'a pas d'envergure et va donc endosser des costumes trop grands pour lui : celui du symbole de l'abolition, comme celui de la réinsertion réussie d'un condamné à perpétuité libéré.

Il n'a pas le sens de la réalité ou pas le même que celui du commun des mortels qu'il est convaincu de ne pas être.

Ce sentiment de supériorité viendrait-il de son homonymie avec un autre Patrick Henry, qui vécut lui en Amérique au XVIIIe siècle, figure de la révolution américaine, premier gouverneur de Virginie pendant la guerre d'indépendance. Il eut cette formule à la fin d'un de ses discours : « *Give me liberty, or give me death*[1]. »

Écho lointain et troublant à la trajectoire de cet homme, deux destins antinomiques.

Patrick Henry a été condamné en 1977 par la cour d'assises de l'Aube à la réclusion criminelle à perpétuité, après la plaidoirie d'un de ses avocats, maître Robert Badinter. Le climat de tension est à la hauteur du traumatisme de l'opinion publique qui réclame dans un cri collectif une peine exemplaire, la peine de mort, pour réparer la douleur des parents et prévenir les assassinats d'enfants, le crime des crimes, celui de l'innocence. L'avocat se bat à la barre, fait entendre sa conviction par-delà les cris vengeurs de la foule, et il martèle que la mort ne libère pas plus qu'elle ne dissuade. Cette défense est un combat, le procès de Patrick Henry devient celui de la peine de mort. Patrick Henry, seul dans le box, incrédule, échappe à la peine capitale. Il reçoit le verdict, il affirme : « Vous n'aurez pas à le regretter. »

Pourquoi les mots de Patrick Henry ne sont-ils jamais à prendre au pied de la lettre ?

1. La liberté ou la mort.

Numéro d'écrou 8588. En mai 2001, il a effectué vingt-cinq années de détention lorsqu'il obtient une libération conditionnelle sous la forme d'un placement à l'extérieur. Il est suivi par le service pénitentiaire d'insertion et de probation de Caen.

Libre mais sous contrôle. À l'époque, la loi pénale opère un partage de compétences entre le juge de l'application des peines et le ministre de la Justice, seul autorisé à octroyer une libération conditionnelle pour les condamnations de plus de cinq ans, et donc pour celles à perpétuité.

À sept reprises, les demandes de libération conditionnelle de Patrick Henry sont rejetées par les gardes des Sceaux successifs. La loi promulguée le 15 juin 2000 modifie la procédure pénale et donne à une juridiction régionale d'application des peines la compétence pour statuer. C'est cette juridiction composée de magistrats indépendants, détachée des contingences politiques – comme cela était le cas lorsque cette compétence revenait au ministre – qui statue au regard des éléments du dossier, des expertises et du parcours sans heurt ni accroc de Patrick Henry en détention.

Lorsque la décision est rendue, règne une effervescence peu commune au centre pénitentiaire de Caen. Cette libération est un fol espoir pour les codétenus qui, toujours prompts à comparer les crimes et à hiérarchiser le pire, sont soudain pris d'un espoir de liberté. Si lui, Patrick Henry, l'a obtenue, alors pour eux aussi elle est accessible. Ils y croient. Patrick Henry ne doit pas les décevoir. Mais cette fois, il n'a pas dit : « Vous n'aurez pas à le regretter. » À peine sa liberté retrouvée, il est déjà retombé dans ses vicissitudes d'homme sûr de lui.

Si, à l'intérieur de la prison, les sourires reviennent, dehors, c'est le déchaînement des opinions contradictoires. Même après vingt-cinq ans, Patrick Henry ne laisse pas indifférent. Il exacerbe les prises de position et les discours s'enrayent, dénonçant le laxisme de la justice, hurlant à la honte du criminel face à la solitude et l'insondable chagrin des parents et de tous les autres qui se reconnaissent dans leur malheur. Son nom agit comme une gifle sur l'opinion, qui se trouve contrainte d'admettre la possible réinsertion.

Pour la majorité, les termes d'amendement et de réadaptation sont des concepts pour humanistes de salon, qui omettent la mémoire de l'enfant.

Nous recevons d'expéditeurs anonymes, dans des enveloppes sales, de petites guillotines en papier, des dessins de tombes, des cercueils figurés sur des boîtes allumettes, des déjections.

L'ouverture quotidienne du courrier devient un rituel macabre et infect. L'excès le dispute à l'abject. Aucune mesure sinon celle de la haine, qui se répand d'autant plus facilement qu'elle n'est adressée à personne sinon à une administration qui ose soutenir une telle libération. Les questions sont les mêmes : s'est-il repenti ? A-t-il demandé pardon ? Est-ce que la mort de cet enfant le hante ? D'autres ravivent le débat sur la guillotine, qui n'a pas tranché l'avenir du condamné.

Compte tenu de ce contexte, notre préoccupation est d'encadrer cette sortie de précautions de sécurité d'ordre public. Le dispositif est préparé, le plan arrêté. Ce sera de nuit et sans informer préalablement les surveillants de service. Discrétion maximale.

Nous allons le chercher un soir en cellule. Il est prêt, valise à ses pieds, chemise bien repassée, chaussures lacées. Il nous emboîte le pas vers la sortie. Nous traversons cette cour qui m'apparaît soudain immense. Pas un bruit, juste celui de nos pas, que nous tentons de feutrer sous la lune pleine qui éclaire le chemin de ronde. L'air est piquant, le ciel dégagé.

L'organisation est rodée. Notre colonne arrive à la porte principale. Dans son poste de contrôle, le surveillant de faction nous regarde passer, perplexe. L'œil dubitatif nous interroge derrière la vitre quand nous glissons la tête puis les épaules de Patrick Henry sous une couverture destinée à camoufler sa sortie.

Les journalistes ont craint qu'elle ne soit réalisée ainsi à la dérobée. Certains louent donc depuis plusieurs semaines l'appartement dont les fenêtres donnent sur le porche de l'entrée.

Le surveillant hésite à enclencher le bouton d'ouverture de la porte principale et finit par demander : « Vous êtes sûrs de ce que vous faites ? J'peux ouvrir ? » Acquiescement teinté d'un sourire à peine feint.

Le son d'ouverture de la gâche électrique claque et la porte s'ouvre. Une voiture l'attend, nous l'y engouffrons avant de retirer la couverture.

Patrick Henry n'a rien vu. Tout juste a-t-il entendu la serrure et senti notre soupir de soulagement d'avoir réussi sans agitation, ni ostentation, cette sortie peu commune.

La première et la seule du genre pour ma part, sauf, peut-être, mais des années plus tard, plus brièvement, celle d'un détenu dont le patronyme attise encore des années après son incarcération, pour un quadruple crime, une curiosité et une frénésie médiatique.

Quelques jours plus tard, alors que je suis occupée à d'autres affaires, la secrétaire frappe à la porte du bureau. Patrick Henry se présente à l'entrée de la prison. Il demande à voir la direction. Je suis là, malhabile et peu expérimentée, j'hésite, nous n'avons jamais échangé que sur des sujets de procédure et de règlement intérieur. Je me lève. Il doit aller mal pour revenir si vite.

Il se tient droit, le même regard, la même tenue un peu étriquée, bouton de chemise fermé jusqu'au col, bras le long du corps, au garde-à-vous.

Nous lui avions suggéré de changer de nom ou de prénom pour préserver un anonymat nécessaire. Ce n'était pas une obligation fixée par la décision de justice mais un conseil de bon sens, afin de se prémunir de la vindicte populaire et qu'il puisse s'insérer aussi sûrement que discrètement dans le paysage local, puisqu'il restait dans la région. Un bail, une caution, un chéquier l'auraient marqué du sceau d'une identité encombrante.

Il n'a pas voulu, plus sûrement par défi que par fidélité à son patronyme.

Patrick Henry me regarde fixement dans le hall du bâtiment où se situe mon bureau. Il dit d'une voix claire : « Je me suis fait voler mon scooter ! Au commissariat, ils ne veulent pas prendre ma plainte, je ne comprends pas, c'est la loi pourtant ! »

Il recherche mon assentiment. « C'est lorsque j'ai décliné mon identité que le policier derrière son ordinateur a relevé la tête et m'a dit : “Monsieur, la prochaine fois, achetez-vous un cadenas.” »

Je cherche mes mots, pas un ne vient.

Il n'a pas dit « Vous n'aurez pas à le regretter » lorsque la libération conditionnelle lui a été accordée. Il ne l'a pas dit, alors c'est comme si elle n'avait pas pris de sens, comme si cette parole énoncée une fois lui avait octroyé un permis de ne pas se conformer à ce qui est attendu d'un probationnaire à perpétuité.

Il est mentionné dans la décision accordant la libération conditionnelle que le manquement aux obligations comme de nouvelles infractions exposent celui qui en bénéficie à une nouvelle incarcération, à perpétuité, même pour un délit mineur. La peine est comme suspendue au bon comportement et aux efforts de réinsertion, tout manquement peut conduire à nouveau derrière les barreaux et la peine reprendre, là où elle s'est interrompue.

Ce n'est qu'à l'issue du délai d'épreuve de la libération conditionnelle, fixée par le juge de l'application des peines, que le condamné recouvre son entière liberté.

Ce jour-là, Patrick Henry a eu cette phrase en sortant : « Si je reviens en prison, c'est la mort. »

Il ne l'a plus en tête quand au printemps, en liberté conditionnelle depuis quelques mois, il franchit les portes automatiques du magasin de bricolage de la zone commerciale, les poings serrés dans ses poches pleines de vis et de boulons.

Son porte-monnaie est dans la voiture, ce n'est pas un vol, juste une précipitation, dit-il. Il a mis les objets dans ses poches pour s'empresser de les payer ultérieurement, prétend-il. C'est une erreur d'appréciation, une mauvaise concordance des temps, bref un non-événement.

Il défie l'ordre, fait valser les conventions et nous tend un doigt d'honneur bien haut.

Un passage à l'acte qui ne lasse pas de surprendre. Que cherche-t-il en se sabordant de la sorte ? Pourquoi n'a-t-il pas intégré la règle ? On ne vole ni ne tue. Ce n'est pas de morale qu'il s'agit mais de respect de l'autre. Patrick Henry a sans doute un manque du côté de l'altérité. L'autre n'est pas un. Il est autre, voilà tout.

Alors, dans la prison de Caen, c'est à nouveau l'effervescence.

Les codétenus qui ont appris la nouvelle s'empressent de commenter, ils se désolent et s'interrogent. Ils ne demandent pas : pourquoi a-t-il fait cela ? Mais : comment a-t-il pu ainsi battre en brèche leur espoir de sortie ? Si ce condamné à perpétuité fait échouer sa réinsertion par un jeu puéril avec les limites, c'est leur avenir à eux qu'il visse avec des boulons, et leur destin qu'il cloue à la porte de la sortie.

L'un d'eux, condamné aussi à perpétuité, me demande audience. Il est effondré. Il a été condamné pour avoir tué son enfant de 5 ans, puis pour l'avoir découpé et s'en être débarrassé en petits paquets bien emballés, jetés et dispersés depuis la fenêtre de la voiture, sur l'autoroute du Sud. Il n'est pas atteint de troubles psychiatriques, il a commis un crime qui dépasse l'entendement mais se montre un détenu respectueux de tous et du règlement. Il tente de convaincre qu'il pourra retrouver sa place, un jour, un beau jour. Avec sa femme, libérée avant lui, ils ont fait un enfant au parloir, un autre enfant, comme on efface.

Il s'agite, cherche ses mots : « Mais enfin, madame, comment peut-il nous faire ça, Patrick Henry ? Enfin… il n'a rien d'humain… »

Une phrase couperet, de celle qui tranche nos références pour faire des lambeaux de nos certitudes.

Le bien, le mal sont mêlés. Ils étouffent le sujet et me donnent du fil à retordre.

Patrick Henry va poursuivre sa route. Elle le mènera jusqu'en Espagne, d'où il reviendra cette fois avec de la drogue à peine dissimulée dans le coffre d'une voiture puissante, faite pour attirer l'attention. La porte de la prison se refermera une nouvelle fois jusqu'au terme de sa vie. Je n'aurai pas à le prendre en charge à la prison de Caen. Il sera affecté ailleurs, mais je m'interrogerai encore longtemps sur cet homme et les autres que je vais croiser. Ils pérorent, ils causent, mais semblent impuissants à transformer les paroles en actes. Les mots les enchaînent, les paroles les maintiennent enfermés plus définitivement que les portes d'une prison.

# Essorer

On imagine la prison baignée d'odeur mêlées, sentant le remugle et saturant l'odorat.

J'ai le souvenir d'une première odeur, inattendue, celle de la lessive, de l'assouplissant et du savon de Marseille. Pourtant, nous sommes en Normandie, mais dans la prison pour longues peines ont été installés dans chaque bâtiment une machine à laver et un sèche-linge qui tournent à plein régime.

La buanderie est ouverte face à la porte d'entrée et jouxte le bureau où je donne audience aux détenus qui en font la demande.

Gestion individuelle, soucis du quotidien, tracas sans conséquence, parfois sujet existentiel, question de survie, essoufflement dans la poursuite de la peine, question de sens et choix d'avenir.

Les situations sont adoucies par l'odeur de Soupline.

Monsieur L a un nom qui ne convient pas à son parcours de délinquant, comme si une brute ou un truand se nommait Monsieur Le Bon.

Il est incarcéré depuis de longues années. Sans être un détenu modèle, il fait des efforts et se montre plutôt dynamique et volontaire. Il s'engage dans des formations, il travaille, il est très soucieux de son corps et de sa musculature. Assidu aux activités sportives, il porte en dehors de la salle des tee-shirts très étriqués qui dessinent ses pectoraux. Les coutures des manches semblent peiner à contenir ses biceps dont la circonférence augmente avec les tractions auxquelles il s'astreint avec la rigueur et la constance de l'athlète qui vise la performance.

Il est assez représentatif de ceux qui ont comme lui l'obsession du corps sur lequel imprimer sa puissance, l'ultime territoire de liberté.

Depuis quelque temps, il me demande audience très régulièrement, a toujours un motif impérieux qui nécessite que je ne diffère pas l'entretien. J'ai posé une règle, la demande d'entretien doit être formalisée par une requête écrite, même succincte, afin que je puisse prioriser les audiences.

Cet après-midi, la salle d'attente est pleine. Je reçois les détenus qui en font la demande les uns après les autres en accordant à tous l'attention requise et, lorsqu'elle devient flottante, je sors du bureau pour changer d'air.

Je plonge alors dans celui du détergent, de la glycérine, fragrance de fleur d'oranger, d'hamamélis, le bâtiment devient une laverie automatique où chacun attend de laver son linge sale.

À cette odeur de propre se mêle le bruit des machines, programme court, long, position essorage, les tours de tambours couvrent les sons alentour.

Monsieur Le Bon attend.

Or il n'a pas écrit, cette fois. Je lui indique donc que je ne peux le recevoir, compte tenu de tous ceux qui attendent déjà.

Il reste dans la file d'attente, imperturbable.

« Je vous reçois s'il me reste du temps.

– J'ai tout le mien, me dit-il. »

Je découvre derrière les muscles son aplomb aussi massif.

Je poursuis les audiences qui se succèdent à bon rythme, et toujours derrière la vitre au bout du couloir, dans le bruit des machines qui finissent leur programme, il attend, un paquet sous le bras.

J'en ai terminé, sors du bureau et lui propose de remettre notre entretien.

Il insiste.

« Ce ne sera pas long », souffle-t-il, comme une confidence parfumée au savon de Marseille.

Je consens mais, en reprenant ma place derrière le bureau, lui signifie ma légère lassitude au bout de cet après-midi de conseils et d'écoute attentive.

Puisque je n'ai pas de temps ce soir, il fait court : « Je vous aime. »

Yeux ronds, bouche muette, la machine en mode essorage emplit le silence gênant. Je suis dans le tambour de la lessiveuse, mon cerveau chauffe, mes joues aussi.

Le paquet sous son bras, des poèmes parfumés…

Je couvre le son devenu assourdissant d'une dénégation. Non, ce n'est pas ça, vous faites erreur, je vais vous expliquer ce qui se passe.

Je me lance dans une démonstration qui ne tient que par la force de persuasion avec laquelle je maquille des arguments hasardeux pour me sauver de cette situation embarrassante. J'improvise avec quelques notions détournées. J'usurpe des concepts pour m'extirper de cet embarras.

« Comme vous y allez avec ce sentiment ! Il ne s'agit pas de cela, monsieur. Vous vous trompez ou, plutôt, vous êtes trompé. En fait il s'opère un transfert : je vous fais penser à quelqu'un que vous avez aimé dans votre vie antérieure et de ce fait vos sens sont dupés. Ce n'est pas de moi qu'il s'agit, mais bien d'une femme oubliée qui resurgit sous mes traits, voilà ! »

Tour de passe-passe, après l'essorage, le séchage.

« Nous allons donc faire vous et moi comme si cette conversation n'avait pas eu lieu, considérant qu'elle est une fausse interprétation d'une réalité qui n'existe pas, nous pouvons donc même douter qu'elle s'est tenue. »

Tout est plus blanc que blanc.

J'ai comme l'impression que j'ai lessivé ses ardeurs et que ses poèmes ont perdu leurs couleurs. Moi, je suis essorée.

Quelques mois après, l'aurais-je convaincu de sa méprise? Une dame a répondu à son annonce parue dans *Le Chasseur français*. Ils ne se sont jamais vus mais ont échangé des lettres enflammées ou des poèmes recyclés.

Elle se présente en robe blanche meringuée, un bouquet de fleurs artificielles bien imitées, et gravit avec hésitation les marches du perron de l'établissement à la vitesse d'une décision regrettée. Trop lentement pour une amoureuse.

Pourtant elle sera bientôt Madame Le Bon.

# Hot

Été de canicule. Pour la région rien de grave, les températures estivales ne dépassent d'ordinaire rarement plus d'une vingtaine de degrés. Cet été est juste plus agréable, un peu de Sud qui aurait pris ses quartiers au bout de la Terre, en Finistère.

Les prescriptions sanitaires de l'administration pour prévenir les risques dus à cet effet climatique s'appliquent sur tout le territoire, il convient alors de les adapter localement.

Nous n'installons donc pas de brumisateurs sur les cours de promenade, au risque d'une mutinerie ! Il pleut déjà tant dans la région que l'air n'est pas assez sec. Il fait bon dans la cour, qui manque juste un peu d'ombre. On distribue des couvre-chefs, des bobs sans marque de pastis pour ne pas susciter l'envie de ceux qui sont incarcérés pour en avoir abusé.

L'air de la mer au loin rafraîchit l'atmosphère, ses effluves marins nous parviennent. Pas d'effet canicule sur les esprits. Pas un ne s'échauffe. Rien à signaler au bulletin d'ambiance que je dois faire remonter chaque soir à l'échelon régional.

Juste une question de gestion, la routine. Il est prévu que Monsieur R, qui vient d'être arrêté pour un trafic international de stupéfiants par voies maritimes, plus sûres que les terrestres, soit transféré dans une prison sécuritaire.

Il a une brillante carrière dans l'illicite. Ce n'est qu'à l'issue d'une longue enquête de police qu'il a été arrêté et son réseau démantelé.

Il est écroué depuis peu, mais chacun doit s'accorder à dire qu'il est… sympathique.

Il est jovial, même si l'expérience fait craindre qu'il ne cherche à endormir la vigilance des agents par des sourires de façade et une compliance à tout ce qui lui est ordonné.

Afin d'assurer un transfert dans des conditions de sécurité renforcées et adaptées à l'épisode caniculaire, son départ est prévu au petit matin de sorte que ni l'escorte ni le détenu n'aient à souffrir du four que peut devenir un fourgon cellulaire en pleine journée.

Réveillé à l'aube, Monsieur R, qui n'est pas informé de ce départ, doit se doucher, s'habiller, préparer quelques effets. Toutes ses affaires ont été empaquetées en amont au vestiaire afin de ne pas perdre de temps.

Empreintes, levée d'écrou, les formalités doivent être terminées dans l'heure.

Lorsque j'entre dans l'établissement, je remarque que le fourgon est toujours dans l'enceinte. Monsieur R n'est pas encore prêt, m'indique-t-on.

Il refuse de s'habiller.

Je me rends à la cellule, il est nu debout sur son lit. Impassible. Il prend la pose. Je suis face au *Discobole* de Myron dans la Grèce antique. Je lui demande de se couvrir. Au lieu de s'exécuter, il s'agite, je tourne la tête et lui parle donc de dos. Il cherche à me mettre mal à l'aise en exhibant ainsi son anatomie. « Venez me chercher, venez m'habiller ! »

Je parlemente derrière la porte puisqu'il refuse de se vêtir. Mes arguments se heurtent au mur et rebondissent, sans résultat.

Il palabre, menace, amadoue, supplie, mais reste nu.

Le temps passe, le soleil se lève à présent, mais Monsieur R refuse de suivre le mouvement. J'en appelle à sa raison, peine perdue. Ma patience s'évapore, la moiteur m'envahit, je ne peux tenter de le convaincre puisque je ne le vois pas.

Les surveillants chargés de son escorte finissent par entrer et l'enveloppent d'un drap à motifs noué autour de la taille.

C'est ainsi, uniquement affublé d'un pagne à fleurs et chaussé de claquettes, qu'il part enfin. Il monte à l'arrière du fourgon. Le surveillant lui tend une bouteille d'eau pour la durée du trajet. Le soleil commence à cogner sur les vitres et l'habitacle en tôle retient la chaleur.

Image surréaliste. Il fait des signes de la main. Bientôt je ne vois plus le camion, qui prend de la vitesse pour rejoindre la voie express.

Mon collègue qui le prend en charge à l'arrivée quelques heures plus tard et le découvre à demi nu me laisse un message : « C'est fou, cette chaleur ! »

# Vous les femmes

Comment, de ces ventres qui donnent la vie, de ces mains qui soignent, de ces bras qui bercent, peut advenir le crime ?

Il y a toujours comme une incongruité à évoquer la femme criminelle. Le crime trahirait-il l'idéal féminin ?

Or, les femmes volent, dealent, escroquent, tuent, à l'égal des hommes, la parité existe en délinquance.

J'ai rencontré plus de Bonnie Parker que de Marie Besnard. L'empoisonneuse n'est plus la seule figure féminine du crime.

Les femmes représentent un peu plus de 3 % de la population carcérale. Elles commettent moins d'infractions mais la réalité ne se laisse pas réduire à ces statistiques. Si, au cours du processus pénal, les femmes sont aussi plus rarement sanctionnées par des décisions privatives de liberté, néanmoins, quand elles le sont, les peines sont longues, à la hauteur de la gravité des faits commis.

Bien sûr, il y a des crimes intrafamiliaux ou passionnels, le plus souvent l'assassinat du mari gênant avec la complicité de l'amant ou le meurtre du mari violent depuis des années dans un réflexe de survie, mais les crimes peuvent aussi être plus sordides, crapuleux, cyniques, épouvantables.

S'il n'y a de spécificité féminine au crime, il y en a, en revanche, dans l'exécution de la peine. Le corps, la maternité, le soin, l'esthétique ne peuvent être réduits à des préoccupations futiles. Il y a une volonté de conserver sa féminité et de briser l'uniformité dans laquelle la prison plonge souvent les femmes.

Les femmes détenues sont une catégorie à part, moins nombreuse, mais ô combien exigeante.

L'une d'elles m'interpelle. Elle est très à l'aise dans le contact mais jamais inconvenante. Elle est à la fois respectueuse et désinvolte. Elle est surtout pétrie de colère. D'une colère cutanée, comme une seconde peau.

Elle l'exprime souvent, telle un matamore, par une provocation savamment dosée. Elle aime bousculer son interlocuteur, surtout quand il représente l'institution.

Elle croit dissimuler cette faille qu'elle éclaire au contraire en usant de mots crus.

Elle est séduisante et d'un chic naturel, sans artifice. Qu'elle se déplace avec un sac de cuir ou avec une pochette en tissu sous le bras, elle irradie. Son port est si distingué et gracieux en traversant la cour qu'elle semble fouler des grandes avenues.

Parfois, elle se grime pour s'enlaidir mais rien n'y fait, elle conserve une élégance aristocratique.

Petite, elle dut marcher avec de jolis souliers à brides, vêtue de robes chasubles et de chemisiers blancs à cols brodés. Elle était de ces petites filles modèles mais pas exactement celles des livres pour enfants de la comtesse de Ségur.

Dès l'adolescence, elle s'est rebellée contre ses parents et cette existence dorée dans des appartements luxueux, sous les moulures de plafonds trop hauts pour y accrocher des rêves.

Ses parents avaient un statut social, ils étaient fondés de pouvoir dans des multinationales, des responsabilités, des postes toujours plus importants, et grisés par des carrières ascensionnelles, ils ont confondu aimer et éduquer. Une gouvernante était chargée de l'éducation et de l'intendance, mais elle n'était pas rémunérée pour faire des câlins.

À défaut de signes ou de mots affectueux, cette adolescente en mal d'elle avait des billets de banque. De petites coupures qui ont griffé son cœur. Elle est demeurée en reste et cherche depuis à étancher cette soif d'amour, trop salée.

Personne d'autre n'est responsable de ce qu'elle a commis. Une dérive stupéfiante, sur une route balisée de drogues, d'alcool et d'addictions en tous genres. Elle a fini par s'étouffer avec sa cuillère dorée, elle a cramé le portefeuille d'actions et dilapidé la rente qu'elle recevait de ses parents, qui assumaient ainsi les dérives de leur fille. Ils la voulaient artiste, elle était juste un peu plus paumée chaque jour, jusqu'à celui funeste où elle a commis un crime de sang, particulièrement sanglant, et participé à faire disparaître le corps d'un homme qui ne méritait pas ce sort et dont la seule faute fut de croiser le chemin de cette pauvre petite fille riche. Elle a été jugée, mais les raisons de son passage à l'acte sont à chercher du côté de cette béance.

Elle est vide et ne mesure pas que la colère a pris toute la place. Elle ne le réalise que lorsque cette ire la déborde. Alors elle tempête, et ses emportements finissent dans un abattement. *Try a Little Tenderness*, comme dans le morceau de musique soul d'Otis Redding, c'est sa quête, sa demande de tendresse mal formulée qu'il faut savoir décrypter.

Mais le plus souvent, elle ne se départ pas de sa faconde.

Depuis quelques semaines, une commission de consultation des personnes détenues a été mise en place au sein de l'établissement. Elle va en faire partie.

Application de la loi pénitentiaire en son article 29, ce texte prévoit que les détenus soient consultés pour donner leur avis sur les activités proposées en détention. J'ai décidé d'élargir la consultation en proposant que cette instance ait une vocation citoyenne et que les participants puissent échanger avec la direction sur le fonctionnement interne. La règle est posée, il ne s'agit pas d'aborder des sujets personnels, ni des questions relevant de la sécurité ou relatives aux surveillants. L'ordre du jour défini et validé en amont concerne des sujets d'ordre collectif, dans l'objectif de favoriser le dialogue, de se décentrer et d'aborder autrement la question du vivre-ensemble.

Les sujets ne manquent pas et s'il ne s'agit pas de syndicats de détenus, il faut savoir baliser les réunions afin qu'elles ne se limitent pas à une série de revendications.

Il faut leur réapprendre un mode de relation équilibré afin de donner sens à cette ambition citoyenne.

Les premières réunions sont intéressantes mais âpres. Je tente de contenir les demandes, le flot est continu, comme si toutes retrouvaient l'usage de la parole.

Une se démarque. Elle parle peu, observe, souriante et agréable.

Elle s'apprête pour venir aux réunions, comme elle en avait sans doute l'habitude à l'extérieur. Corsage, jupe, talons, cheveux tenus par une pince en corne, collier assorti à la couleur du chemisier. Rien de trop. Elle connaît les codes de la bienséance et de la vie en société ; tout en elle, son port de tête, sa démarche, la façon de prendre place dans cette assemblée, dit la bonne éducation reçue.

Alors, quand elle prend la parole, le silence est immédiat. Son charisme fait autorité auprès des autres détenues. Elle prend la parole comme une arme.

Elle me met en joue. À bout touchant, elle lance : « Madame la directrice, il y a un sujet dont personne n'a parlé jusqu'à présent, sujet qui n'est pas ou ne doit pas être tabou. »

Mimiques et rires gênés aux alentours. Elle gifle les autres d'un regard sévère.

« Ce sujet, madame, c'est l'amour. Je ne parle pas de sentiment mais de l'acte sexuel. Vous savez que cela existe, qu'on se débrouille comme on peut, que l'on soit homo ou hétéro, peu importe, que ce n'est pas digne, qu'il faut donc que ce sujet soit mis sur la table, sans pudeur. »

Elle n'en a aucune à cet instant et jubile de provoquer son adversaire en duel.

Elle tend les armes. Mais elle tire la première.

« Vous voulez que je vous dise, c'est pas contre vous, madame, mais ça fait un moment que j'ai parlé de ça et que tout le monde est sourd. Pourtant c'est un sujet de préoccupation. Alors, à quand les sex toys en cantine ?

Comment s'en procurer sans être obligées d'en fabriquer artisanalement ? »

Les mots comme des balles ont fusé. Elle s'interrompt pour évaluer la précision du tir et s'assurer qu'elle a atteint sa cible.

Je lui rends son arme d'un sourire entendu.

« Vous avez raison. Mais je vais d'abord vous donner mon point de vue, qui permettra ensuite de résoudre ce que vous nommez “ça”. Cette préoccupation est un sujet, mais ne doit pas être un problème. Je ne veux rien en savoir, non pas que je réfute qu'il existe, mais parce que cela relève de votre intimité, de votre sphère privée et que j'estime que nous n'avons pas à nous y immiscer. Je vais donc autoriser les sex toys, car rien ne justifie leur interdiction, mais je vous laisse la possibilité d'y avoir accès sans passer par l'administration.

Vous serez autorisées à en recevoir à l'occasion d'un parloir ou par colis postal. »

J'avais été informée de cette possible question et avais donc préparé ma riposte.

Elle comprend, comme les autres qui ricanent de son audace d'avoir osé aborder le sujet, qu'il est clos, sans être forclos.

Elle range les armes. Elle aura la possibilité de se vanter d'avoir permis de faire avancer la cause des femmes en prison, rien de moins.

Pour ma part, je tenterai de donner d'autres gages de ma volonté d'améliorer les conditions de détention, afin qu'à mon nom ne soit pas uniquement associé un sex toy, qui peut être un accessoire encombrant dans une carrière lorsqu'on y songe.

# Outrenoir

Parfois le ciel de la prison s'assombrit et il ne reste que du noir.

Le noir de la condamnation qui plonge dans l'ombre du temps qui passera derrière les barreaux.

Le noir du blues, des angoisses, des dépressions, des décompensations, du psychisme qui déraille, de la psychose qui invalide.

Le noir de la solitude, des familles qui se décomposent, des amis qui s'éloignent, des enfants placés, des conjoints absents, du parloir étriqué comme décor des relations, des appartements nommés « unités de visites familiales » qui permettent un substitut de vie familiale ou amicale entre six et soixante-douze heures dans un lieu ouvert mais enclos entre les murs d'enceinte de la prison.

Le noir des relations exacerbées par la promiscuité, le noir de la violence qui s'impose comme mode de relation, des tensions liées à l'enfermement, des injonctions, des contraintes, du rythme imposé par la vie carcérale.

Le noir de la surpopulation, de la cohabitation, de la vétusté des cellules et des conditions dégradées de détention qui ne satisfont ni à l'exécution de la peine, ni à la prévention de la récidive.

Le noir du mitard, sanction disciplinaire effectuée un temps défini et limité dans une cellule isolée et au mobilier rudimentaire, le noir des convocations en commission en discipline pour répondre des infractions au règlement intérieur, des accrocs dans le parcours de détention, qui ajoutent de la peine à la peine.

Le noir de l'impossible soumission à l'ordre et à l'autorité, faute d'y avoir été éduqué ou comme choix d'une lutte vaine mais ancrée contre l'institution et ses représentants.

Le noir voulu par cet homme, écroué initialement pour une peine modérée, qui cumulera une vingtaine de peines complémentaires et qui maculait méthodiquement d'excréments sa cellule pour protester contre tout et tous.

Le noir de ce mode de revendication devenu identitaire.

Le noir de l'impuissance des établissements successifs à enrayer ce mécanisme ingérable.

Le noir de cette volonté d'emmerder le monde et de jouir de cette sale réputation.

Le noir du racket, de la brutalité des forts sur les faibles, du phénomène de meute et de la volonté d'un seul de s'imposer comme chef omnipotent, de la loi du puissant sur le misérable, de la supériorité de l'avoir, de l'argent, de la drogue et d'autres expédients.

Le noir de la mort qui survient, d'un corps inanimé et froid, de la décision qui échappe à la surveillance, ultime et tragique, de choisir le moment de son trépas.

Ce noir qui recouvre tout en surface renvoie à un autre champ mental, si l'on regarde avec le recul nécessaire. Au-delà du noir peut se refléter une lumière.

C'est ainsi quand le ciel de la prison s'assombrit. Je me souviens de cette lumière face au noir monochrome des tableaux de Pierre Soulages.

Ces aplats de noir recouvrent entièrement la toile, souvent de grande dimension, et par des effets de matière donnée par la peinture, les traces du pinceau et le talent du maître, apparaît la lumière à travers les stries.

Le reflet brillant de la toile illumine l'espace et celui qui la regarde. Ces toiles sont hypnotiques, elles happent, fascinent, elles ont chaque fois sur moi cet effet. Je ferais mille détours pour ne pas manquer le musée Soulages à Rodez. Un écrin pour le talent rare de faire jaillir la lumière de l'outrenoir.

# Carrière

« Quand je serai grand, je serai policier, pompier, gendarme, pilote, médecin, artiste... » On entend rarement : « Je serai délinquant. »

Même le cambrioleur aguerri n'y songeait sans doute pas quand, gamin, il frappait dans les boîtes de conserve au milieu des rues de son quartier pour tromper son ennui. Les anciens gangsters dont les faits d'armes se mesuraient en nombre de cambriolages fomentés, jusqu'au jour de la consécration, le magot emporté après avoir dynamité le coffre, quelques menues économies pour les années maigres qui finissaient enterrées dans le jardin d'une villa à la campagne. Voler aux riches, aux banques, sans mauvaise conscience. Ceux qui affirmaient commettre ces forfaits pour rétablir l'équité et la distribution de la richesse, raccourci commode pour se dédouaner, n'avaient sans doute pas choisi ce parcours de délinquant. Ce n'était pas un avenir, mais les trajectoires parfois y conduisaient. Alors ils faisaient carrière dans le cambriolage. Le braqueur professionnel alternait les vols, parfois les périodes de cavale et les années à l'ombre, pour payer sa dette.

Il n'y a plus beaucoup de ces vieux braqueurs en détention, avec leur code d'honneur et leurs bonnes manières, les temps ont changé, le trafic de drogue, l'internationalisation, les anciens ont fini par se ranger et les modernes n'ont plus les mêmes ambitions ni les mêmes méthodes.

La carrière commence parfois très jeune, par de petits larcins, et ensuite s'adapte à l'offre, à la demande.

Mademoiselle X n'a pas formulé le vœu d'un métier, elle n'en a pas eu le temps. Sa famille a implosé, la mère ou le père, ou les deux, sont absents, eux-mêmes passagers clandestins dans la traversée vers l'âge adulte. Des enfants qui ont des enfants. La loi, l'ordre, l'impératif n'ont pas été intégrés, tout juste quelques vagues notions de bien et de mal.

Elle a commis plusieurs vols en bande organisée. Agile, souple, elle se faufilait partout et revendait ensuite comme elle le pouvait ce qu'elle récoltait. Mauvaise fortune, misère de vie, chienne d'existence et déjà un premier arrêt à la prison.

Cette maison d'arrêt, pleine de pères et de mères de substitution, pleine de règlements et d'idées à concevoir pour les transgresser !

Mademoiselle X n'a pas connu son père biologique, sa mère a fait les mauvais choix, le plus mauvais, « celui de [la] garder », lui a-t-elle répété tant de fois. Elle est en roue libre depuis des années quand elle arrive en détention après les échecs successifs des institutions. Chaque fois, elle se cabre, puis s'en va fuguer un peu plus loin. Après une nouvelle tentative en structure éducative, où elle a mis le feu à la voiture de fonction de l'éducateur sur le parking du foyer, elle commence une nouvelle ère, celle de la détention.

Elle est incarcérée pour la première fois à 15 ans. Au greffe, elle tient bien haut son numéro d'écrou sur la photo et sourit à pleines dents, cariées.

Elle veut garder ses piercings, ses bijoux, ses habits contrefaits, elle obtempère mais elle insulte, et finit par sangloter sur l'épaule d'une surveillante bien ennuyée, qui lui tend le premier mouchoir d'une longue série.

Elle va trouver sa place ici puisqu'elle doit rester quelques mois.

Elle est suivie et accompagnée par les services, se règle sur un rythme, lever et coucher à heures fixes, elle découvre l'école, celle où l'on prend le temps d'instruire, les cours individuels et des enseignements jusqu'ici ignorés, elle apprend à lire, surtout à comprendre ce qu'elle lit, à décrypter ce qui l'entoure sans hostilité. La détention l'apaise, elle est au centre de l'attention, comme elle ne l'a jamais été.

Il y a quelques accrocs. Mademoiselle X tremble et gronde, ça monte en elle, elle implose alors, son sous-sol noyé de colère déborde. Elle s'en prend à tous ceux qui portent du bleu, quel que soit le grade. Elle crie à l'injustice, elle brandit la liberté et le respect, ses nouveaux étendards. Elle ne bouge plus, se tient au milieu de la coursive, elle traîne des pieds pour rentrer en cellule, elle s'agrippe, elle griffe, puis elle lâche prise, elle fond en larmes et la surveillante, bien énervée, lui tend un nouveau mouchoir.

Elle se calme en faisant des dessins-excuses. Elle trace des soleils pâles, dessine des arcs-en-ciel fades, crayonne des arbres sans racines, des oiseaux sans ailes et signe d'un « pardon, surveillante ! ».

Mademoiselle X achève cette première peine, elle sort, un peu plus mûre, la surveillante l'escorte jusqu'à la porte, elle passe par le vestiaire pour récupérer ses effets, dans ses sacs maintenant plus épais il y a quelques livres. Elle sourit à pleines dents, désormais soignées.

« Sérieux, surveillante, j'en reviens pas, t'es sympa, mais j'ai compris ! Fini la prison. »

Elle va y revenir à de nombreuses reprises durant sa minorité, chaque fois pour des délits : vols, falsifications de chèques, rébellions, outrages à personne dépositaire de l'autorité publique, elle n'aime pas les uniformes. Elle ne choisit rien, elle va où le vent mauvais l'emporte.

Elle sanglote alors quand elle repasse la porte et la surveillante lui tend la main, celle du mouchoir.

Deux, trois mois dehors, puis la revoilà, plus vite que les saisons. Chaque fois, elle revient un peu plus abîmée, par la rue, les squats, les expériences nocives. Elle change de coupe de cheveux plus souvent que de chemise. Elle les teint selon ses influences, noir gothique, rose punk, vert junkie. Elle a parfois un chien, un petit copain et l'œil tuméfié, les bras scarifiés. Sa descente amorcée depuis ses 15 ans se poursuit inexorablement.

Les surveillantes la connaissent bien, elle est un peu une enfant de la maison, leur empathie pour elle n'exclut pas fermeté et rigueur dans la gestion, mais elles font des carrières parallèles… À chaque retour, elles reprennent le travail avec Mademoiselle X là où il avait été suspendu par la fin de peine précédente. Les surveillantes l'encouragent, elles posent des étais sur le destin de cette gamine afin qu'elle ne tombe pas plus bas.

Elle, paumée, malhabile avec les codes, se résigne à ses retours réguliers, qui sont autant de pas de côté inévitables quand on trace comme elle des diagonales.

« Sur le métier remettre l'ouvrage, ou sur l'ouvrage on met le métier, j'sais plus, qu'est-ce que vous dites, surveillante, déjà ? J'apprends des expressions stylées avec vous, ça fait intello. »

« Ouais, je sais, j'avais dit que je ne reviendrai plus ! Mais faut croire que vous me manquez ! »

Elle a tant dérivé qu'il devient chaque fois de plus en plus difficile de l'arrimer.

Et puis un jour, c'est le fait de trop, l'affaire qui vire au drame. Ses acolytes d'un vol minable se disputent le gain et ces palabres avinées finissent en une bagarre de rue. Mademoiselle X ne se tient pas à l'écart, elle a bu elle aussi. Elle a un opinel dans la poche. Elle ne sait plus pourquoi elle l'a et qui le lui a donné, mais il se retrouve dans sa main. L'altercation a commencé à quatre, très vite le groupe enfle, attire les errants du coin, misère contre misère, les coups et les invectives fusent, les bruits de cette bagarre sont amplifiés par la nuit tombée sur la place de l'église où ricochent les cris. Certains, attirés par le bruit comme des insectes dans les phares d'une voiture, se jettent dans la mêlée sans choisir un camp ni connaître le motif de cette rixe.

Une jeune fille tombe à terre, les mains sur le visage en sang. Des larmes rouges lui barrent les yeux. Mademoiselle X se tient face à elle, son bras tendu et au bout la pointe de son opinel, dont la lame rougeoie. Elle a lacéré le visage, le coup est parti, une estafilade barre la joue de la victime, de la tempe au menton.

Les sirènes approchent, les lumières bleues des gyrophares l'aveuglent. Mademoiselle X est stupéfaite, regarde incrédule, cherche à rembobiner la scène, elle tient le couteau si serré dans la main qu'elle ne peut desserrer son poing. Elle ne le lâche que lorsque les menottes sont passées.

Elle revient en prison, cette fois dans la cour des grands, instruction criminelle, mandat de dépôt et détention provisoire.

La surveillante qui procède à son écrou la connaît, la surveillante qui lui donne son paquetage la reconnaît, tout comme la surveillante qui lui apporte son repas, et toutes ont cette impression de gâchis.

Elles pensent à leurs filles ou leurs sœurs, leurs nièces, leurs cousines, à toutes ces jeunes filles qui ont pu dire « Je serai médecin, pompier, infirmière, coiffeuse, opticien, mannequin » et le seront peut-être.

Une surveillante, plus âgée, a connu Mademoiselle X mineure et s'autorisait parfois à la tutoyer, à l'appeler par son prénom. Plus maintenant.

« Il va falloir assumer la peine, mademoiselle, je n'ai plus de mouchoirs. »

Mademoiselle X est jugée, condamnée, puis bénéficie d'un aménagement de peine sous surveillance électronique. Elle est alors assignée au domicile de sa mère, à qui on ne laisse pas le choix d'assumer ou non un rôle dans la vie de sa fille. Elle accepte que la petite vive sous son toit, mais à contrecœur, et s'assure que ce boîtier à la cheville connecté à la ligne téléphonique de la maison ne crée pas des interférences avec son installation internet. Elle y tient, à son bouquet de chaînes de télévision et à surfer en illimité !

Un message de la gendarmerie du lieu de résidence nous est adressé un matin, un e-mail glaçant. Mademoiselle X est décédée, retrouvée ce matin, son bracelet toujours fixé à la cheville et une seringue fichée dans le bras. Overdose.

Je croise la surveillante, celle qui a bien connu Mademoiselle X depuis ses premières incarcérations. Je lui apprends cette triste nouvelle. De son dernier mouchoir, elle évacue une perle au coin de l'œil.

# King Kong

Il porte un chapeau de paille, d'où dépassent des cheveux broussailleux, indomptés. Une grande blouse de lin beige lui donne un faux air de Claude Monet dans le jardin de Giverny. Ici, point de nymphéas, mais des variations de couleurs qui tournent au gris, un paysage de grilles et de concertina, sorte de barbelés assemblés en bobines enchevêtrées placées au faîte du mur encadrant le chemin de ronde. Cet environnement qui devrait brider l'imagination est au contraire parfois source d'inspiration pour les peintres en herbe. La contrainte de l'enfermement donne le goût de créer, et la peinture est à la portée de beaucoup. Si la reproduction est souvent le mode choisi, le résultat est rarement réussi. Que le tableau entre dans la catégorie des « croûtes », nul doute, mais « l'artiste » qui l'aura réalisé n'en sera pas moins fier, à défaut d'avoir ému le spectateur.

Lui ne sait pas peindre. Il n'a pas de moyens, ni de pinceaux, ni de chevalet, mais il aime la peinture, ses petits tubes de couleur. Il n'a pu s'acheter que les primaires, mais qu'il mélange avec l'ardeur d'un novice. Il peint sur tous supports, avec une frénésie qui lui redonne des couleurs.

Une de ses œuvres m'arrête lors de mon passage dans le bâtiment.

La toile qui me surprend est accrochée dans une salle de classe. Il en a fait don pour agrémenter cette pièce mais personne ne semble apprécier sa composition, qui pourtant perce l'œil. Il n'a utilisé que trois couleurs. Ce n'est pas une pâle copie de Mondrian, car il a su s'approprier l'espace de la toile, donnant sens aux formes géométriques. Sur un fond blanc, des carrés jaunes et des carrés bleus sont reliés par des lignes rouges épaisses ou plus fines, dans un assemblage symétrique et profond. L'abstraction fonctionne, à mes yeux au moins, et je suis étonnée de la maturité du trait.

Je m'arrête devant le tableau, il semble flatté, je le félicite.

« C'est très réussi. Comment avez-vous donné cette épaisseur au trait ? »

Sa réponse est tranchante.

« Au couteau, madame, c'est une toile faite au couteau… »

Si le tableau n'en perd pas son attrait, j'aurais préféré au pinceau.

Plus tard, il tentera de me l'offrir. Je refuserai poliment en lui expliquant, si ce n'est la règle, au moins ma ligne de conduite.

Plus tard, encore plus tard, alors qu'il a été libéré et a laissé les tubes vides, je découvrirai, empaqueté grossièrement dans de la toile de jute, ficelé entre deux morceaux de carton, le tableau au couteau. Il me le donne sans un mot d'accompagnement. Depuis, il me suit et trône à chacune de mes affectations sur un mur de mon bureau. Je sais que cet homme continue à peindre en liberté, je crois qu'il a opté pour une palette plus variée et a remisé définitivement le couteau.

Lui, jeune turbulent, sait surtout jouer des poings. Faute d'un cadre familial rassurant et aimant, il s'est élevé sans tuteur, a grandi de travers, et la colonne vertébrale de sa jeune existence est celle de la déviance. Il ne supporte pas l'enfermement, le quartier mineur est trop étroit et il ne peut se plier aux règles. Il prend un soin particulier à mettre en échec ce qui lui est proposé.

Il ne s'entend avec personne, s'isole. La scolarité obligatoire jusqu'à l'âge de 16 ans est de mise, et lui qui a connu plus souvent les chemins buissonniers a des difficultés à y trouver la place qui lui est assignée, au plus près du tableau noir.

Il s'agite et refuse la contrainte, veut et ne veut plus, pense et ne pense plus. La violence surgit alors comme ultime recours.

N'ayant aucune prétention à l'éducation ni aucune expérience en la matière, je suggère que nous tentions avec lui un pas de côté. Une toile, des pinceaux, et vogue l'imagination. Il crie, se débat contre nous. Eh bien, qu'il la représente sur la toile cette colère qui déborde, qu'il puisse l'exprimer autrement !

Les débuts sont chaotiques. Du noir de rien. Il barbouille, s'agace toujours, mais peu à peu se prend au jeu. Il nous apprend qu'il sait dessiner. Il a surtout fait des tags et souillé des murs pour marquer son identité. Petit roi sans royaume.

Il saisit les pinceaux de ses poings et peu à peu ouvre ses mains.

Il commence à peindre. Il ne copie pas, le trait est même plutôt assuré.

Il dessine d'abord les contours sur la toile, puis vient y apposer la couleur, comme avec des crayons.

Il se détend lors des séances, mais de plus en plus aussi dans l'intervalle. Il retrouve sa voix, celle qui parle sans hurler, celle qui demande sans menacer, celle qui répond sans vociférer.

Rien de miraculeux. Ce détour par la peinture a permis de faire passer les relations avec ce jeune homme du rapport de force au rapport d'autorité. C'est ce que j'écris en conclusion du compte rendu transmis au juge des enfants qui doit décider du maintien en détention ou de son placement en centre éducatif.

Je tais ce que je vais voir.

La toile est posée à l'envers, contre le mur. Seul est visible le châssis en bois où elle est fixée. Je m'approche. Elle est grande, assez grande, trop grande.

Les surveillants, hilares, retournent le tableau à ma demande.

Il représente une scène culte du film *King Kong* sorti en 1933. Un film fantastique américain en noir et blanc. Le gorille venu de Skull Island est capturé et montré comme une bête de foire à New York. Il s'échappe et part à la recherche de la belle Ann qu'il avait rencontrée sur son île, dont les hommes sont venus le déloger. À la fin du film, au climax de l'angoisse, alors qu'il est traqué, il retrouve la femme et l'emporte au sommet de l'Empire State Building.

Elle a mes traits. C'est aussi flagrant qu'embarrassant. Je ne peux me récrier, nier, il faut se rendre à l'évidence du ridicule.

Je suis dans la main de King Kong, dans une ville où les gratte-ciel sont en feu.

Je semble pourtant tout à fait décontractée dans une robe trop courte qu'emportent au vent les pales des petits hélicoptères dessinés en arrière-plan, comme des insectes tournoyants.

Je me refuse à l'interprétation. Oui, c'est moi, remettez le tableau comme il était, à l'envers…

Ce tableau remisé dans la cave, bien protégé par un drap, a bien souvent été à l'origine d'un moment cocasse.

Lorsque, croyant tenir dans les bras un tableau de valeur, les déménageurs s'en emparent avec précaution avant de le découvrir. Il se passe alors toujours la même chose. Ils me regardent puis tournent rapidement la tête vers la toile, reviennent vers moi, puis vers celle qui est dans la main de King Kong, se pincent les lèvres, étouffent un rire, avant d'entendre son histoire.

# Une noire panthère

Un être félin, une bête inapprivoisée qui va devoir se plier au règlement qu'elle exècre pour visiter son amoureux et bientôt mari aux parloirs de la prison de Brest.

Ils se sont connus sur le tournage d'une adaptation d'une œuvre de Claudel, ils se sont plu à l'ombre des murs et entre deux portes. Rien de ce décor imposé n'a étouffé leur sentiment naissant ; un sentiment qui ne s'est pas dissous.

L'enfermement a aussi cet effet d'exacerber les rapprochements. Le lieu est si peu propice à s'aimer que certains dépassent dans un mouvement ample cette impossibilité. Ils ne résistent pas à la vague des penchants.

Ils se fichent d'admettre que la prison ait pu favoriser cette naissance. L'amour est advenu et il n'y a pas matière à en faire un scénario. Alors nous leur accordons ce souhait de banaliser ce qui est.

Ils s'aiment, un point c'est tout, et prière de les laisser en paix, de faire silence en rangeant nos clés et en refermant les portes.

Lui est un peu fanfaron lors de l'« audience arrivant », celle qui intervient juste après l'écrou et au cours de laquelle il se présente et doit décliner l'identité de la personne à prévenir en cas de besoin. Il s'amuse de la réaction du chef de détention quand il prononce le nom de sa belle, si connue. Une star de cinéma, qui aime autant le jeu que la provocation, qui lui est souvent consubstantielle dans les films où elle tient le premier rôle.

Sa bouche aux lèvres ourlées et charnues disent tout son être à fleur de peau, la douceur qui a pu manquer dans son existence, elle l'exhibe dans des bas de soie.

Elle se fait établir un permis de visite. Elle se présente aux parloirs sous la pluie fine dont la ville de Brest a le talent.

Quai des bruines aux parloirs.

Elle vient chaque semaine, constante et charmante. Parfois sous des lunettes noires que ni son anonymat préservé ni le ciel bas n'obligent à porter.

Enveloppée dans une pelisse armure, elle érotise le lieu. Les surveillants peinent à réprimer un trouble quand elle passe sous le portique de détection des masses métalliques chaussée de ses cuissardes en vernis noir. Elle fend l'air, tranche les habitudes, veut bousculer le règlement, allume une cigarette malgré le panneau d'affichage rappelant la loi Évin. Interdiction de fumer dans un lieu public. Le parloir l'est-il moins pour elle que la rue ? Se sent-elle protégée par les hauts murs ?

Elle est mutine, joue la scandaleuse lorsqu'elle refuse d'éteindre cette cigarette dont elle souffle d'une bouche arrondie les volutes qui s'échappent et forment des boucles au-dessus de son corsage fendu.

Elle est magnétique.

Le surveillant, embarrassé, lui fait remarquer que ce n'est pas autorisé. Elle le toise. « Appelez-moi le directeur. » Phrase de palace, qui n'a pas cours par ici.

« Madame la directrice, vous pouvez venir ? Il y a une dame…, vous savez, l'actrice, elle fait des siennes. »

Je descends à sa rencontre dans le sas d'entrée. Elle est excessivement calme : « Où est le directeur de la taule, je veux lui parler. » Je réprime à peine un sourire. Je suis ce directeur qui peut se dire au féminin. Elle me regarde à travers ses yeux charbonneux, interrogateurs. Il y a donc des directrices de prison… qui ne sont pas des copies masculines. De mes lèvres fades face au rouge carmin des siennes, je forme des mots fermes mais sans autorité. Ses yeux de biche s'écarquillent, elle semble surprise mais n'en laisse rien paraître, elle me remercie de m'être déplacée, me salue d'une main baguée à chaque doigt, en écrasant dans le grand cendrier ce qui reste de sa cigarette, un mégot qui porte la marque de ses lèvres.

Elle ne me dérangera plus.

Ils ont commis le projet de se marier. Cela est possible en prison, ils ne seront pas les premiers à faire de ce lieu celui de leur union.

Il suffit comme à l'extérieur de faire une déclaration en mairie et de convenir d'une disponibilité de l'officier d'état civil pour qu'il vienne célébrer le mariage à la prison.

En application des dispositions de l'article D 424 du code de procédure pénale, la célébration du mariage dans un établissement pénitentiaire est possible sur la base des articles du code civil le régissant. Dans ce cas, en lien avec les services de la mairie, le déplacement de l'officier d'état civil à l'établissement est requis.

Les contraintes inhérentes à la détention telles que précisées à l'article 22 de la loi du 24 novembre 2009 doivent permettre à l'établissement d'adapter l'exercice du droit au mariage aux impératifs de sécurité. Il se déroule en présence des futurs époux et de leurs témoins dans une salle du parloir. Austérité garantie et embarras de la profession quant au sujet de la consommation du mariage.

Si les mœurs ont changé, le désir, lui, demeure.

La date est arrêtée, les formalités accomplies, rendez-vous est pris par la belle qui se languit d'y être. Les futurs époux demandent l'autorisation de faire entrer un appareil photo jetable pour immortaliser le moment et garder des souvenirs pour les jours libres.

Il n'y aura pas d'album mais quelques clichés, rien qui ne justifie un refus. L'autorisation est donnée sans qu'il soit permis de la considérer comme une faveur ou une entorse à la sécurité. En raison de la notoriété de la future épouse et de notre volonté de banaliser cette union afin qu'elle reste discrète, la cérémonie est organisée sans publicité. Le jour du mariage, elle se présente à la porte plus sage que d'ordinaire, portant un costume pantalon crème, d'une élégance folle, sans fleurs mais toujours cette immense bouche peinte.

L'officier d'état civil tient son rôle, échange des consentements, le oui est dit et vogue la vie. Bien sûr le mariage ne constitue pas un passeport pour la sortie, mais il offre la stabilité qui peut rassurer lorsqu'il s'agira pour lui, le mari, de solliciter un aménagement de sa peine. À l'issue du mariage, ils ne convolent pas en justes noces, mais bénéficient d'un temps supplémentaire et sans la limite de durée habituelle au parloir. Pendant ce temps, le surveillant tourne la tête.

Quelques jours plus tard, alors que cet événement est passé inaperçu, je reçois un appel téléphonique de l'échelon hiérarchique supérieur. Émoi en haut lieu. Des photos de la cérémonie viennent de paraître dans un journal qui fait son miel des scandales et des scoops plus ou moins bidon mettant en scène des *people*. Les photographies sont quelque peu floutées pour donner l'effet de clichés volés.

Je suis sommée de m'expliquer et de courir acheter au kiosque le plus proche quelques exemplaires de ce journal dont la ligne éditoriale se résume à vendre du papier glacé et à transformer le lecteur en voyeur. Je n'en avais jamais acheté un seul et je reviens avec une pile sous le bras. Ma modeste contribution pour en limiter le nombre dans les salles d'attente des cabinets médicaux aux alentours.

Je m'exécute sans trop savoir ce qui peut m'être reproché.

Certes je n'ai rien fait savoir de cet « événement », puisque seuls les incidents remontent à la hiérarchie, et que cette union n'entre pas dans cette catégorie.

Il ne présentait aucun risque, sinon celui de le faire trop connaître et de s'exposer à devoir contenir aux portes de la prison la foule des badauds.

La crainte me gagne. J'aurais commis un impair mais sans pouvoir déterminer lequel et surtout m'en convaincre. Les questions me font tanguer, puis les explications données, la voix ferme et sans appel qui provient du combiné téléphonique devenu moite m'ordonne de redoubler de vigilance.

Comme personne n'en a manqué – je suis convaincue de la probité des agents en poste ce jour-là –, l'affaire est close. Les magazines froissés trônent sur la table face au bureau. Je n'ose plus les ouvrir. Les clichés n'ont pas été pris à la dérobée, l'appareil photo a été remis aux mariés à la fin de la cérémonie, aucun de nous ne les avait vues avant de les retrouver en double page d'un magazine.

Ensuite c'est une succession de visites, sans heurt ni bruit de flashs. La pression médiatique, qui n'a été qu'un soufflet, retombe.

Les rituels reprennent au parloir, passage de portique d'entrée, dépôt de clés, de téléphone sur le tapis roulant. La visiteuse se soumet aux consignes de sécurité et se montre discrète, sans animosité à l'égard du personnel, qui feint avec la même rigueur de ne pas être impressionné quand elle entre. Elle vient une fois par semaine, décolle à Orly, arrive sur le tarmac de l'aéroport de Brest, prend un taxi qui la dépose devant la porte à la bonne heure.

Elle croise d'autres familles venues comme elle visiter un parent, un ami, un amoureux, un ancien ennemi. Personne ne se retourne. Elle va et vient dans un parfait anonymat.

Nous n'avons donc plus de motif de nous rencontrer.

Un jour, je suis installée dans l'avion au retour d'un séjour d'agrément aux Antilles. L'humidité de l'hiver me rattrape, l'amplitude thermique est aussi importante que le décalage horaire. J'ai froid et sommeil, sans savoir lequel des deux ferme mes paupières.

Escale à Orly, changement d'avion, celui pour Brest est bien moins large au bout de la piste ; il donne l'impression d'un modèle réduit.

J'ai conservé la couverture de couleur orange Air France que l'hôtesse a délicatement posée sur mes épaules à l'atterrissage. Je grelotte encore. J'ai ensuite déambulé dans l'aéroport à la recherche de la correspondance pour Brest. J'ai regagné le siège attribué sur le carton d'embarquement pour une dernière heure de trajet avant de poser mes valises pleines de sel et de sable. Je m'assoupis, la peau tannée par le soleil antillais, la couverture sur la tête et les épaules, des lunettes teintées sur le nez me maintiennent dans une ambiance feutrée, j'attends le décollage sans me figurer qu'ainsi affublée je ressemble plus à une junkie qui aurait passé plusieurs jours à zoner dans les rues ou à mendier pour une bière qu'à une vacancière épanouie.

Consignes de sécurité. Je redresse mon siège. Stupeur. Alors que l'hôtesse procède à son rituel chorégraphique, bras tendus, accompagnant d'un geste le cheminement lumineux au sol, démonstration du port du masque à oxygène, les mots s'enchaînent et je reste figée. Dépressurisation de la cabine, gilet de sauvetage, je viens de reconnaître la personne à ma droite, dans la même rangée. Nous sommes deux.

Je me suis assise quelques minutes plus tôt sans faire attention, dissimulée sous ma couverture et mes yeux cachés par mes lunettes de soleil.

Elle pose les siennes sur ses jambes galbées dans les mêmes cuissardes vernies et regarde, pensive, par le hublot. Elle porte une alliance.

Même si je ne vois pas sa bouche, je sais son sourire carnassier et ce diastème entre ses deux incisives, qui forme selon l'expression « les dents du bonheur ».

Elle serait amusée de savoir que cette expression est d'origine militaire ! Elle qui n'aime rien de moins que de ne pas obéir.

Au cours des guerres napoléoniennes, la Grande Armée enrôlait un grand nombre de soldats. Lors du recrutement, ceux dont les deux dents de devant étaient écartées se voyaient réformés et avaient donc le bonheur d'échapper à la guerre.

En effet, pour charger son arme sur le champ de bataille, contraint de tenir à deux mains son imposant fusil, le soldat devait couper avec ses incisives l'emballage en papier des cartouches de poudre.

Nous sommes voisines durant une heure, dans le même avion, pour la même destination au carré : la ville et sa prison. Je n'ose bouger pour ne pas attirer son attention, je crains de provoquer une incompréhension.

Ma couverture orange, mes traits tirés, mes cheveux plaqués par les heures de vol : mon apparence bohème ne sied pas au sérieux requis par la fonction de directrice de l'établissement où est écroué son mari. J'éprouve donc une gêne, je crains qu'elle ne me reconnaisse et ne soit à son tour mal à l'aise que nous nous retrouvions assises ainsi l'une près de l'autre.

Je voudrais disparaître dans les rainures du siège, sous le fauteuil à la place du gilet de sauvetage. Je suis projetée dans sa sphère d'intimité, je suis spectatrice de ses gestes. A-t-elle pris un verre de vin, un jus de tomate? A-t-elle remis du rouge à lèvres? S'est-elle regardée dans le miroir du sac à main? A-t-elle refait le trait sous ses yeux? S'est-elle recoiffée dans la vitre du hublot?

Je suis un personnage dans le décor de son trajet hebdomadaire, moi qui ne l'aperçois d'ordinaire qu'à la porte attendant son tour de parloir.

Elle finira par trouver le trajet trop long, la courte demi-heure de parloir trop frustrante. Je ferai en sorte, sans le lui indiquer, que son mari soit transféré dans sa région au motif d'un rapprochement familial.

Plus aucun codétenu ne supporte en effet le discours prétentieux et les manières pédantes du jeune marié, son *leadership* imaginaire et ses appels à la rébellion quand la viande n'est pas assez tendre ou que la promenade tarde. Il croit pouvoir puiser dans la notoriété d'autrui ce supplément de reconnaissance qu'il cherche. Sans doute pense-t-il que la lumière qui auréole l'artiste enveloppe celui qui se place dans son sillage, il entend en profiter.

Il quitte la maison d'arrêt de Brest. Il est affecté en centre de détention pour poursuivre l'exécution de sa peine, dans des conditions qui devraient lui permettre sinon de s'amender, au moins de rompre avec ses errements passés.

Il n'y aura pas de suite, ni à cette histoire, ni à la leur, je crois.

# Toc

La grève de la faim est un moyen de pression parfois utilisé par les détenus qui oblige l'institution, garante de l'intégrité des personnes confiées. Ce mode d'action radical est toujours suivi avec la plus grande attention par le personnel, même s'il n'est pas possible de contraindre celui qui l'emploie, sauf risque grave et imminent pour sa santé.

La question alimentaire n'est pas neutre en prison. La qualité des repas, leur quantité, les régimes alimentaires sont des sujets, comme dans toute collectivité, majorés ici par la privation de liberté.

Madame S a du tempérament. Taiseuse, rigide, elle a imaginé des règles qui lui appartiennent pour dépasser celles qui lui sont imposées. Elle veut rester maîtresse de ses choix.

« Il y a des cycles mais rien n'est inscrit dans le calendrier, pas plus d'indices dans la position de la lune. Je les connais d'instinct.

La couleur blanche est celle des débutants, celle qui permet de poser ses habitudes avant de connaître les turpitudes que vont provoquer les autres couleurs.

Le blanc est le cycle le plus aisé, facile à respecter. Cela demande une organisation et la location d'un réfrigérateur, quelques euros par mois : c'est moins cher que la TV !

J'emmagasine colin, chou-fleur, fromage frais, yaourts nature, brie, poireaux, sans leur tige, riz, lait, œufs vidés de leur cœur jaune.

Rien ne doit venir enrayer l'immaculée conception de cette période qui dure entre deux ou trois semaines mais parfois plus, en fonction d'éventuels dérèglements.

La suivante est l'orange. Celle des puristes. La plus ardue.

C'est le règne de la mimolette, des carottes crues, râpées ou cuites, des crevettes, des oranges, sauf les sanguines, trop rouges.

Je ne suis pas prise au dépourvu. Si j'ai fait de rares adeptes, ils viennent me consulter lorsque le doute les étreint, que la couleur vire à la cuisson et laisse perplexe.

Oui, je colorimange depuis des années, j'ai commencé par jeu, puis le jeu est devenu monomanie.

Je suis parfois seule, très seule, notamment lorsque s'amorce la période noire. Le riz vénéré et l'encre de seiche à toutes les sauces finissent par m'écœurer. Je ne peux rien partager. Heureusement, elle est plus courte que les autres. Pour patienter, je bois du thé noir et mange des biscuits corsés en cacao dans l'attente de passer à la verte. Elle est plus socialement admissible. Je peux alors ressembler à ceux qui mangent par goût ou appétit.

La vie n'est pas monochrome, la mienne n'est pas monotone. »

J'écoute, dubitative et impressionnée.

Madame S est une gouvernante qui toute sa vie a cuisiné pour les autres. Un jour, elle a voulu quitter la maison de ses patrons, le père de famille se montrait un peu trop entreprenant les dimanches de gigot. Elle a fini par lui planter le trident de service en plein cœur. Le rouge s'est répandu sur la nappe jaune en coton brodé et a giclé sur les flageolets. Depuis, elle déteste mélanger les couleurs.

Je ne sais plus où, ni si je l'ai vraiment rencontrée, mais je conserve ce « colorimange », mot-valise, comme celle que l'on traîne pour seul bagage et qui peut devenir encombrante.

# Gonflé

Le goût est un sens qui n'est pas prisonnier. Il libère les papilles, pimente, parfume et assaisonne le quotidien.

La cuisine est une activité très prisée en détention. Elle est plus aisée à exercer en centre de détention, où les portes sont ouvertes et l'accès à du matériel et des ustensiles facilité, mais les activités culinaires ont toujours un vif succès et permettent d'éduquer au goût, de faire le choix d'une alimentation plus équilibrée et variée. La cuisine participe à l'estime de soi. Certains s'y essayent pour la première fois, tâtonnent et font brûler les plats, d'autres s'y adonnent et y trouvent une échappatoire au temps immobile, d'autres encore font avec peu d'ingrédients ou de matériel des recettes recherchées et des plats d'un raffinement insoupçonné.

La prouesse est souvent réalisée avec les aliments cantinés qui permettent d'améliorer les repas servis. Les cuisines collectives ne peuvent rivaliser avec la cuisine maison. Les menus sont calibrés, répondent à des normes sanitaires, respect du grammage et choix d'ingrédients variés sont les composantes essentielles, le goût n'est donc pas toujours l'une de celles-ci.

Certains deviennent des adeptes de la cuisine inventive, attrayante. Ils recomposent des recettes traditionnelles qui prennent alors une autre saveur. L'odeur, l'arôme, le bouquet envahissent l'espace et se répandent dans les coursives.

Lorsque la cantine propose des épices, il n'est pas rare qu'en se déplaçant d'un étage à l'autre l'on puisse, aux fumets qui s'échappent de la cuisine, définir les influences gastronomiques liées à la région d'origine.

Ils sont plusieurs au bâtiment A à rivaliser aux fourneaux, notamment dans la confection de gâteaux. La pâtisserie est une discipline exigeante, elle requiert des savoirs précis, relevant des leçons élémentaires du petit chimiste. Tout est dans la préparation, la pesée des ingrédients et le respect des étapes de la recette.

Incorporer dans un ordre méticuleux le sel, le sucre, l'eau, la farine, au risque de ne pas avoir le moelleux, le craquant, l'onctueux ou le gonflant attendu.

Pour cela, il y a une denrée rare mais souvent indispensable en cuisine : la levure.

En effet, longtemps, et c'est parfois encore le cas, la levure a été bannie des produits en cantine, car elle pouvait être détournée de son usage pour fabriquer de l'alcool.

L'alcool est en effet interdit en détention. Si la vente de bière avec ou sans alcool a été possible par le passé, ce n'est aujourd'hui plus admis.

Néanmoins, l'interdit attise l'attrait, et la prohibition a pour effet de susciter des stratégies de contournement.

Certains détenus sont passés spécialistes de la macération effectuée dans des bouteilles en plastique. Une drôle de mélasse, qui permet de s'enivrer à moindres frais mais non sans risque.

En effet, contrevenant au règlement intérieur, celui qui s'essaye à la fabrication artisanale s'expose à une sanction disciplinaire.

Il faut donc être téméraire ou très imprégné pour fabriquer clandestinement cette potion qui n'a rien de magique.

La recette est simple.

Prenez un grand récipient, une bassine peut faire l'affaire.

Découpez vos fruits de saison, plutôt de la pomme qui favorise la fermentation, y rajouter du raisin et tous les fruits que vous aurez sous la main.

Plongez-les dans le récipient, couvrez les d'eau, de sucre, ajoutez la levure, remuez bien pour qu'elle s'incorpore au tout. Couvrez d'une serviette et laissez reposer.

Une fois le mélange bien pris, dans les vingt-quatre à quarante-huit heures, versez le contenu dans une ou plusieurs bouteilles plastique vides.

Oubliez, si possible, au moins huit à dix jours sous un lit, dans le double fond d'une armoire ou dans un endroit à l'abri de la lumière et des regards.

Si vous avez une source de chaleur, cela peut permettre au mélange de prendre plus facilement.

Veillez à la qualité du contenant, car la fermentation a pour effet de déformer le plastique.

Pensez donc à bien visser les bouchons pour éviter que les gaz ne s'échappent et ne viennent trahir cette préparation.

Nul doute que Monsieur O a bien retenu les instructions transmises par ses pairs.

Monsieur O, manœuvre dans une usine de l'industrie textile dans le Nord, a vécu modestement avec femme et enfants dans l'une des cités de Roubaix ; l'un de ces quartiers où les politiques successives de la ville adoptent des plans de rénovation destinés à lutter contre la pauvreté, le mal-logement, la pénurie de transports en commun et la désertification des services publics.

Monsieur O aimait bien sa cité-dortoir, la compagnie des voisins et les fêtes improvisées. Aux quatre saisons, les occasions ne manquaient pas pour boire un verre ou la bouteille : l'entrée au cours préparatoire du premier, la communion du deuxième, le mariage du troisième, le début des congés, le retour de vacances, les grands départs et les petits retours, les jours de pluie ou de sécheresse, les joies et les blues.

Il fallait de l'entraînement aux nouveaux qui s'installaient dans l'immeuble. Aucun ne devait être pris au dépourvu si l'on sonnait à la porte pour partager une bonne ou une mauvaise nouvelle qui finirait diluée dans un verre.

À l'heure des provisions, il convenait donc de ne pas oublier le pack de bière, la bouteille de whisky premier prix et son soda assorti, de se tenir toujours prêt à une bière chaude prise au coin de la cuisine ou un Martini *long drink* sur le balcon.

Monsieur O était endurant. Petit déjà, à la ferme familiale, son bol de café du matin était coupé au vin. « Ce n'est pas de l'alcool, affirmait son père, c'est du raisin ! » Il avait sans doute intégré ce qui deviendrait plus tard une prescription sanitaire, cinq fruits et légumes par jour. Il était juste en avance. Monsieur O a toujours préféré les fruits aux légumes, sauf peut-être le fenouil pour son goût d'anis.

Et puis l'usine a connu des difficultés, a été rachetée par un groupe industriel asiatique. Monsieur O a été licencié sans préavis, ni pot de départ. À la cinquantaine, dans cette région, il n'a pas retrouvé d'emploi, et sans attendre une occasion, il a fait de tous les jours qui passent un bon motif pour boire.

Sa femme a fini par le quitter pour un gars plus festif de l'immeuble d'à côté, qui, lui, savait attendre le samedi soir pour faire sauter les bouchons. Monsieur O s'est retrouvé seul. Un soir, tirant des bords dans l'escalier, il est descendu au parking souterrain, s'est souvenu qu'il avait les clés dans la poche, a démarré et a conduit sans phares sur le grand boulevard.

De jeunes fêtards ont croisé sa route, entassés dans une voiture, qui est devenue leur tombeau lorsque celle conduite par Monsieur O les a percutés.

Monsieur O a été condamné pour homicides involontaires. Il a été blessé dans l'accident, dont il n'a gardé qu'un souvenir épars comme les débris de la voiture dont il a été extrait. Il ne sait pas s'il a remercié les pompiers.

Alors il s'est réfugié auprès de celle qui ne l'avait jamais quitté, son amie veineuse, la bouteille.

Monsieur O fabrique donc de l'alcool non pour défier le règlement mais parce qu'il ne peut faire autrement. Il cantine de la levure, il stocke des fruits, il conserve des bouteilles plastique. Il n'en produit que pour sa consommation personnelle. Lorsque à l'occasion d'une fouille de cellule le procédé est découvert, souvent à l'odeur de soufre qui embaume l'air, il répond qu'il ne le fera plus sans pouvoir en être convaincu.

Or, la levure est autorisée au sein de cet établissement et les cuisiniers s'en servent pour concevoir des pièces montées, des brioches décorées, des gâteaux qui ne doivent leur bonne tenue qu'à cet ingrédient savamment dosé. Alors ils craignent que, faute de pouvoir empêcher Monsieur O d'en détourner l'usage, la levure ne soit un jour à nouveau supprimée de la liste des achats en cantine.

Monsieur P, qui se trouve au même étage, est agacé par cet usage intempestif de la part d'un type qui ne pense qu'à boire.

La cuisine est devenue son passe pour la liberté. Il a postulé à un emploi de pâtissier et s'exerce donc chaque jour aux standards de la pâtisserie : paris-brest, tropézienne, profiteroles, saint-honoré, opéra, mille-feuille.

Il attend la décision du juge d'application des peines qui examine la proposition d'embauche. Il doit faire une période d'essai dans une boulangerie-pâtisserie. Il investit la cuisine de son étage et sort du four des gâteaux qui n'ont rien à envier à ceux exposés en vitrine de son futur employeur.

La levure a un pouvoir et devient un enjeu qui excède son emploi alimentaire.

Monsieur P s'agace. Les ivrognes, les poivrots, les soiffards, les suppôts de Bacchus, les imbriaques, les boit-sans-soif, les dipsomanes, il les matera, il en a vu d'autres.

Monsieur P s'agace et quand il est ainsi, mieux vaut ne pas le rencontrer fortuitement dans les escaliers. Une chute inopinée est vite arrivée.

Je croise Monsieur O avant que nous ne retrouvions encore une de ses macérations prohibées. Il a l'œil légèrement coloré, la joue un peu gonflée.

« Effet de la levure », me dit-il dans un sourire forcé.

# Le soutien

MORT. Le mot fend comme un adieu.

Maman m'a dit le jour de son décès : « Il est si beau, ma chérie, on dirait un tsar. »

Ma mère a le sens de la formule. Elle dit : « Partir, c'est mourir un peu ». Et si mourir n'était que partir un peu ?

Il n'y a pas de vérité, ni des êtres, ni du temps. Il n'y a que le présent, son éblouissement et sa crudité.

« Je continuerai ton œuvre, papa. » Ce sont mes derniers mots à son dernier sourire. Mon père n'était pas un artiste, l'œuvre à poursuivre, c'est sa vie, son combat.

Quelques jours avant son départ définitif, c'est moi qui pars. « Où vas-tu ? » me demande-t-il dans un souffle. Je réponds en baissant la tête. « Je vais travailler, tu sais bien. »

Je lui dis au revoir, lui et moi savons que nous ne nous verrons plus vivants.

Je lui dis au revoir, et il me répond, les yeux grands ouverts, comme il n'a pu les tenir depuis des semaines, allongé, pâle, si pâle :

« C'est donc comme ça, c'est maintenant ?

– Oui papa. N'attends pas, n'attends plus, c'est toi qui décides, comme tu l'as toujours fait. On s'est tout dit, de l'essentiel à l'accessoire, je t'aime. »

Je presse son épaule décharnée, son os pointe sous sa chemise à carreaux, je la garde comme un talisman. Ce n'était pas sa préférée mais il n'avait plus le goût de s'habiller, il ne faisait que se vêtir pour cacher ce corps qui lui échappait irrémédiablement.

Avec mon père, le cancer a eu un adversaire à sa hauteur.

Ses phrases me reviennent en foule lorsque je suis au volant. Je prends l'autoroute. L'asphalte a la couleur de mon chagrin. Les larmes coulent sur le pare-brise, de la pluie dans les yeux. Je ne sais même pas comment j'arrive à tenir le volant et parcourir les 400 kilomètres qui me séparent de cette scène à une autre.

Voilà des mois, nous avons échafaudé ce projet de permission de sortie culturelle. Le juge de l'application des peines a rédigé les ordonnances les autorisant, le procureur ne s'y est pas opposé. Le personnel de la maison centrale assure l'encadrement.

Je me dois donc d'être là, même entamée.

Nous avons un partenariat avec la scène nationale de la ville, le directeur nous a réservé des places. Il a saisi l'enjeu que représente l'accès à la culture pour ceux qui en sont éloignés, dans les quartiers à la périphérie comme pour les détenus.

Nous sommes là, dissous dans la foule anonyme qui se presse pour la première du spectacle. En ce soir de décembre se joue un étrange ballet de méduses.

*Méduses* est un spectacle aquatique et poétique du chorégraphe Vincent Glowinski. Sur scène, il est accompagné de danseurs, de performeurs, d'un guitariste et d'un batteur. « Plongée dans les abysses du rêve », « subjuguant », « enveloppant » sont inscrits sur l'affiche.

Le choix est audacieux, l'heure tardive.

Du chevet de mon père, j'arrive les yeux à peine séchés dans le hall de la salle de spectacle. Ils sont tous là, sortis de la prison de nuit. Sur le parking, les voitures sont garées, je m'aligne sur une place en épi, je sors fourbue de ce trajet, ces longues heures où j'ai vu défiler le paysage des souvenirs d'une fille et son père.

Il est 20 heures, je suis tout juste à l'heure. Personne dans la foule ne remarque la présence des six détenus intrus, pourtant ils sont un peu égarés, se tiennent en rang serré et attendent de prendre place dans la salle aux rideaux carmin. Leurs yeux roulent dans le décor. Avides de ce moment, ils goûtent au plaisir de l'inédit de cette sortie de nuit, au théâtre. L'encadrement de notre troupe est discret, pas d'uniforme pour les surveillants et accompagnateurs mais des tenues, comme on dit des voitures, banalisées.

L'un d'eux, pour lequel cette sortie n'était pas une évidence à l'examen de son dossier en commission d'application des peines, plus attentif que les autres, remarque ma mine froissée. Son regard appuyé interroge mon sourire forcé. Je fais une halte aux toilettes, me passe un peu d'eau sur le visage pour laver les traces de mon chagrin et du mascara qui accentue l'ombre laissée par les cernes.

Pour beaucoup, le théâtre et encore plus la danse sont des espaces peu familiers. *Méduses* présente l'image d'un corps qui s'use et qui lutte, il a pour mémoire l'image de lui-même, ses projections mentales apparaissent sur l'écran puis disparaissent et le corps réagit alors, tentant de rattraper à bout de forces le souvenir du rêve.

Le thème de la soirée, choisi depuis des mois dans la programmation, accentue mon drame intime. Ce spectacle est un adjuvant qui me permet d'être dans l'action et de tarir les larmes qui accompagneront les lendemains sans lui.

Il dure deux heures, aucun de nos participants n'en manque une minute. Il n'est pourtant pas d'un accès aisé pour qui n'aurait été éduqué à la danse contemporaine et à sa scénographie particulière. Pas un mot, seules des méduses ondulantes suivent les mouvements du corps des danseurs et les notes des percussions donnent le *la* aux battements des cœurs. Nous sentons les basses résonner dans nos poitrines. L'attention soutenue des détenus est la manifestation de leur reconnaissance pour ce moment, je reste à la surface des images, trop éplorée, je n'ai pu me laisser aller à la beauté de cette création artistique. Je viens retrouver une place et un sens à la vie auprès de ceux qui l'ont ôtée. Étrange sensation.

Combien d'hommes, sortant pour la soirée de la prison, sur ce rang de sièges en velours rouge auprès desquels je suis assise, ont retiré la vie à un proche ? Oui, ce soir je me console de la mort d'un être cher auprès de ceux qui l'ont donnée à un autre.

Je voudrais leur jeter cette pensée à la figure. Comment faites-vous pour vivre avec ça ? Je n'en fais rien. En sortant, ils sont graves mais conscients de la beauté de la vie. Je me mets au diapason de leur gratitude. Elle me panse.

# Ramer

Il frappe à la porte avec le sourire enjôleur d'un adolescent qui veut emporter l'acquiescement instantané et une décision favorable en sachant que son fondement est loin d'être acquis.

Il n'est pas vêtu d'un uniforme mais d'un jogging et de baskets.

Il est surveillant, moniteur de sport.

« Je viens vous proposer un truc inédit ! Ça ne s'est jamais fait en milieu carcéral. Vous connaissez l'aviron *indoor* ? Aviron en intérieur, cela se pratique sur un rameur. On va tenter de battre le record de France. »

Je suis accrochée par cette entrée en matière. « Oui, c'est un beau challenge, mais en quoi puis-je vous aider ? »

Je suppose que cette annonce a une suite et qu'elle va emporter une succession de questions.

Il sourit toujours, un brin facétieux comme s'il voulait ménager son effet ou jouer le suspense pour que sa présentation aboutisse à la conclusion souhaitée. Il recherche l'irréfutable. Le grand oui, sans un « mais » qui vienne tout compliquer.

« C'est un défi sur 24 heures, une équipe mixte de femmes détenues et de surveillantes qui vont ramer ensemble, en relais. Douze détenues et six surveillantes montent à tour de rôle sur le rameur et enchaînent 30 secondes d'effort intense et 5 minutes de récupération entre chaque passage. L'objectif est qu'elles aient cette cadence-là pendant 24 heures. Bien sûr, ramer à 3 heures du matin, mentalement, ça peut être compliqué, mais ça va leur faire une sacrée expérience. »

Son enthousiasme dessine une farandole dans l'espace du bureau. Il a déjà tout un argumentaire que je le sens prêt à dégainer si mon silence s'appesantit.

Cette idée d'exploit sportif où les femmes participantes, surveillantes et détenues, se retrouvent pour ramer ensemble afin de battre un record est un projet inédit et qui fait sens. Il ne faut jamais négliger le poids du symbole. Ramer toute la nuit dans le gymnase au lieu d'être enfermé en cellule, ramer ensemble sans plus de distinction de places ni de fonctions.

Il sait qu'il m'a convaincue.

« Ok, allons-y, ramons dans le même sens, puisque c'est notre défi quotidien. »

L'histoire, la petite au moins, retiendra que ce 25 septembre 2021 le record a été battu à 385 kilomètres et quelques mètres, de plus, vers la sortie…

## Dernière fois

Une dernière fois fermer la porte,
Une dernière fois rabattre l'œilleton,
Une dernière fois entendre le verrou,
Une dernière fois caler sa montre sur les rondes,
Une dernière fois se parler au parloir,
Une dernière fois amortir la culpabilité,
Une dernière fois croire en un Dieu ou un maître,
Une dernière fois compter les jours,
Une dernière fois faire résonner les pas,
Une dernière fois parcourir la coursive,
Une dernière fois tisser des pensées arachnéennes,
Une dernière fois accomplir des gestes métronomes,
Une dernière fois retourner le sablier,
Une dernière fois observer, lustrer, piquer, se livrer, simuler, singer, s'acquitter,
Une dernière fois de tout avant la libération.

Puis saisir son baluchon, entrevoir la rue derrière la lourde porte, se jeter dans des bras aimants ou faire sans des bras absents, apprivoiser la solitude, ou réapprendre à regarder loin, entamer une seconde partie de l'existence, une vie à poursuivre, à achever, des rêves à reprendre, des habitudes à enterrer, d'autres contraintes à assumer.

La liberté ne se rend pas, elle s'acquiert.

En prison, il y a les écrous, les clés, les verrous, les serrures, mais la porte d'entrée demeure toujours celle de la sortie.

# Remerciements

À Jean-Maurice, pour sa curiosité, son audace d'avoir cru à ce projet à peine éclos et pour ses conseils souriants.

À Philippe Héraclès, pour sa volonté de viser les sommets et sa capacité à insuffler confiance à l'auteur et l'élan pour le porter haut.

À Élisabeth Violleau, pour ses lectures attentives, justes, pertinentes, son sourire, sa délicatesse et sa maîtrise littéraire.

À vous, lecteurs et lectrices, pour vous être laissé guider à la rencontre, et pour être passés à l'ombre le temps de la lecture.

# Table des matières

Fragments de prison

Achevé d'imprimer par
Normandie Roto Impression s.a.s.
61250 Lonrai
N° d'impression : 2203153

*Imprimé en France*